MANUEL

DU

PAUVRE D'ESPRIT

OU

DROIT COMMUN

APPLIQUÉ AU GOUVERNEMENT DES PEUPLES

SELON L'INTERPRÉTATION NATURELLE DES ÉVANGILES,

PARIS.

Chez l'Auteur, *rue de la Madeleine*, 20.

1848

Imprimerie de SOUPE, Passage du Ponceau, 16-20

MANUEL

DU

PAUVRE D'ESPRIT

SOMMAIRE.

Éclaircissement sur ce qu'on appelle le Spirituel et le Temporel. Droit qui résulte de ces paroles : *Cherchez d'abord le royaume de Dieu et sa justice, et tout le reste vous sera donné comme par surcroît.* — La foi et la raison ne s'excluent pas. — L'Église conservatrice de la loi morale, instituée de Dieu, ne peut être hostile à la liberté des peuples.

(Extrait de *la Ruche Populaire*, année 1847.)

Mon cher confrère en amour du bien public,

J'ai reçu avec un indicible plaisir le dernier numéro de *la Ruche populaire*, dont la publication, je l'espère, ne sera plus suspendue. Enhardi par l'appel qu'elle fait à toutes les opinions, sans être ni écrivain ni orateur, j'ose vous adresser quelques pensées que je crois utiles : ce sera mon seul titre à l'indulgence de votre comité.

La question du jour, la question de tous les temps, c'est de faire arriver les hommes de bien à la direction des affaires, d'une manière pacifique, positive et régulière.

Les prétendus orthodoxes (et que cette épithète n'effarouche personne : il faut laisser à chacun son allure et sa forme, si l'on veut connaître son fond ; le chrétien véritable sait bien qu'on doit aimer même ses ennemis) ; à entendre ces orthodoxes, point de libre examen ; de là, aujourd'hui comme dans le passé, le tiers-parti taillable et corvéable à merci, et, par une conséquence trop logique, le royaume de Dieu devient uniquement un royaume d'outre-tombe ; de là, à eux le temps, les joies et les délices du monde, et, pour faire accepter la pilule aux manants, l'Éternité bienheureuse pour compensation.

On nous répète souvent ces paroles du Sauveur : *Heureux ceux qui souffrent, parce qu'ils seront consolés ;* sans doute, et nous ne doutons pas de la justice de Dieu. Mais Dieu établit-il la souffrance comme condition absolue du bonheur ? La souffrance acceptée, recherchée même comme moyen de salut, cela se conçoit ; mais, imposée par le puissant et subie par le faible, jusqu'à mourir de misère et de faim, cela ne se conçoit pas, et nul prêtre aujourd'hui n'oserait faire sortir des Évangiles une pareille énormité.

Il faut, suivant ces orthodoxes, recourir à tout propos à son directeur. Ne leur dites pas qu'il y a ou qu'il y a eu des pouvoirs arbitraires, ils répondront : Rendez à César ce qui est à César. Mais, aux belles pages de l'autorité de l'Église, Grégoire VII, par exemple, sans parler de l'incontinence des prêtres réprimée par le célibat, de la simonie détruite, dont les souverains absolus faisaient un moyen de gouvernement, n'a-t-il pas, sur la plainte des peuples, déposé, et avec raison, ces mêmes souverains lorsqu'ils abusaient de l'autorité ? Est-ce que le droit d'user implique nécessairement celui d'abuser ? Ainsi, on nous oppose l'autorité de l'Église, et c'est nous qui l'invoquons contre eux. En vain voudrait-on faire du temporel et du spirituel, sous certains rapports, une séparation qui n'est pas possible dans la pratique (1) ; l'homme ici-bas a soif de justice et de liberté dans son âme comme dans son corps. Si on ne veut pas de l'exercice de la raison, que signifient alors ces paroles du Sauveur : *Cherchez d'abord le royaume de Dieu et sa justice, et tout le reste vous sera donné comme par surcroît?* Vous nous dites qu'il ne nous appartient pas d'interpréter. Est-ce à dire que dans l'Évangile aucune proposition ne puisse avoir un caractère d'évidence tel, que l'interprétation soit indispensable? Quand vous dites vous-mêmes, à l'endroit de la domination interdite ; car c'est sous ce titre que vous désignez ce passage des paroles du Sauveur : *Que celui qui voudra être le premier soit le serviteur de tous*, est-ce que dans ces paroles, par rapport à ce qui les précède, vous pouvez trouver autre chose que le principe d'élection dans sa base la plus large, la plus absolue, puisqu'elle s'étend à tous? Croyez-moi ; la foi et la raison sont sœurs et doivent être unies ; elles ne peuvent marcher l'une sans l'autre sans se donner la main, et le cœur du chrétien sait bien accorder la prééminence à qui elle est due. Qu'on ne cherche donc pas à les isoler, ou bien elles divorceront, et l'anarchie sera la conséquence de ce divorce : c'est pour ne pas s'entendre sur cette matière que le monde est bouleversé. L'Église ne prend d'autre part, dans ces catastrophes, que celle de prêcher le maintien de l'ordre établi, après que la victoire a décidé. L'Église, qui ne peut pas périr et ne doit pas périr, a raison de ne pas se commettre à descendre dans l'arène des partis. Sa mission est de conserver in-

---

(1) Le temporel, c'est ce que le temps et les circonstances modifient ; le spirituel, c'est ce qui est éternel, immuable ; de là vient que lorsqu'on dit : « Il ne faut pas que le spirituel se mêle au temporel, » ou bien encore : « Le royaume de Dieu n'est pas de ce monde, » on manifeste la pensée la plus anti-sociale, la plus anti-chrétienne qu'il soit possible d'imaginer.

1.

tact le dépôt sacré de la loi immuable de Dieu, et c'est ce qu'elle fait en observant la plus scrupuleuse neutralité. Mais l'Église, en ce qu'elle a d'humain, participe de la faiblesse humaine, et l'on a vu trop souvent le clergé abuser lui-même, et faire cause commune avec l'autorité temporelle des rois absolus et des grands, dans leur système d'oppression des petits. Ces temps ne peuvent être de longue durée ; les motifs en sont faciles à déduire : ils produisent l'anarchie, et la société n'arrive à l'ordre qu'à travers une liberté sanglante qui l'ébranle jusque dans ses racines les plus profondes. On conçoit combien cet état de choses est contraire aux véritables intérêts de l'Église. Disons aussi que le droit d'intervention des papes sur les monarchies absolues était fondé sur ces paroles du Christ à Pierre : « *Paissez mes brebis.* » Mais il ne faut pas croire que l'Ég'ise, à son état normal, puisse jamais en aucun cas favoriser l'oppression (1) : ce qui le prouve, c'est qu'elle n'interdit aucune forme de gouvernement ; à plus forte raison appuiera-t-elle toujours celui qui sortira directement de l'Evangile. Eh bien ! qu'a de contraire l'élection à l'autorité de Pierre, Pierre institué du Christ, le conservateur, jusqu'à la consommation des siècles, de la loi de Dieu qui consacre cette élection, principe qui, suivant l'expression moderne d'une des lumières de l'Eglise, élève le commandement des hommes à la dignité de service public. Encore une fois, il n'est pas possible de croire que le successeur de Pierre, qui relève du Christ par l'élection, se fasse jamais sciemment et volontairement l'oppresseur des faibles et des petits,

(1) S'il y a un état anormal, et si la Providence peut le permettre encore, ceci est en dehors des prévisions humaines auxquelles l'homme ne peut rien que par la résignation et la prière ; il n'est cependant pas probable que le principe électif, le seul indiqué par Dieu et par la nature des choses, puisse ne pas avoir toujours les meilleurs résultats possibles.

que le Christ appelle à son royaume ; non; et notre cœur nous dit avec notre raison, que-nous ne sommes pas hors de l'Église.

Ainsi le Christ, d'une part, nous a dit : « *Que celui qui voudra être le premier soit le serviteur de tous ;* » d'autre part, quand on demande au premier homme venu à qui il donnerait sa voix pour élever celui qui doit avoir l'autorité, il répond : *au juste.* Riches et pauvres sont d'accord sur ce point ; et, s'il s'agit de conclure, riches, vous affirmez que c'est une utopie; que l'homme du peuple ne possède pas le sentiment du juste et de l'injuste; et, le posséderait-il, dites-vous, il n'en ferait aucun usage dans cette question capitale, ou il serait éternellement dupe du fripon et de l'intrigant... Messieurs les orthodoxes, nous répondrons à ces arguties, et nous savons sur quoi elles s'appuient. Malheureusement pour vous, le texte des Evangiles n'est pas dans vos mains, et Dieu ne permettra pas qu'il soit jamais altéré.

Si nos lecteurs ne voient pas que le concours des pauvres soit nécessaire quand les riches sont aptes à choisir aussi bien qu'eux, et, pour beaucoup, mieux qu'eux, nous expliquerons comment l'individualisme, bon en lui-même et au tout, est mauvais à ce même tout quand il ne relève pas de lui; il s'agit ici de bien se pénétrer de cette vérité, à savoir que la question d'élection n'est pas pour le peuple une question de science , mais une simple question de bon sens et d'intérêt privé et général tout à la fois, et qui dérive tout simplement du sentiment et de la notion du juste et de l'injuste qu'on ne peut refuser à tout homme, là où le Christianisme a passé.

DISCUSSION DE PRINCIPES.

Messieurs,

Communiquées à quelques amis, ces pensées ont excité des réclamations et de la controverse : on a parlé de l'orgueilleux et de l'humble de cœur.

L'orgueilleux, qui se sent la capacité du commandement, il faut bien le dire, sera peu flatté de fixer le choix de ce qu'on appelle la multitude ignorante et grossière : il ne veut pas du suffrage de tous, c'est tout simple ; mais pour que l'humble de cœur qui le veut bien, lui, n'eût pas raison de le vouloir, il faudrait que Dieu lui eût tendu une embûche, en lui proposant un moyen qui ne serait pas celui dont la pratique doit le rendre heureux, suivant cette promesse : « *Si vous savez ces choses, vous êtes « heureux, pourvu que vous les pratiquiez.* » (Évangile selon Saint-Jean, ch. XIII.) On a dit : On peut être le serviteur de tous, sans être nommé par tous, et on a cité saint Vincent-de-Paule ! Si, par *impossible*, et sous l'administration des hommes de bien (et j'appelle hommes de bien ceux qui seraient le résultat du choix de tous, comme le veut l'Évangile), il se trouvait des malheureux valides et de bonne volonté mourant comme aujourd'hui de misère et de faim, ces malheureux pourraient s'écrier du fond de leur conscience et avec vérité : Non ; ils ne sont pas nos serviteurs les hommes qui laissent manquer du nécessaire d'autres hommes, quand la terre, mieux administrée, pourrait nourrir dix fois plus de monde. Mais à quoi bon raisonner sur cet *impossible*, quand il est déjà si difficile de faire accepter le naturel ?

On a dit que jamais les Pères de l'Église n'avaient interprété les Écritures comme certains hommes se permettent de le faire aujourd'hui. Nous demandons d'abord qu'on nous montre ce que les Pères de l'Eglise ont dit sur ce point ; et nous avons répondu que l'Eglise gardait le silence, ou plutôt elle parle assez haut par son chef se qualifiant *le serviteur des serviteurs de Dieu.*

Nous avons indiqué des manques de bonne foi dans nos traductions françaises, qui mettent en contradiction l'Ecriture avec elle-même : ce qui n'existe pas dans les textes grecs et latins (1) ; et nous nous croyons en droit de conclure que si nous professons une foi pleine et entière dans la véritable parole évangélique, nous nous défions et nous gardons toute réserve relativement aux traductions suspectes. L'Evangile est le pain de vie des peuples, et l'autorité de l'interprétation ne manquera jamais à l'Eglise, quand elle veillera à ce que l'ivraie ne se mêle point au bon grain.

Le redressement seul des griefs que je signale, anathématisés par son blâme, pourrait être une initiative suffisante pour amener les réformes nécessaires que réclame aujourd'hui l'ordre social. .

Le peuple juge et décide par sa foi, par le sentiment du bien et du mal qui est en lui : *telle est notre conviction.* On nous dit : Nous avons une conviction contraire ; le peuple juge par ses mauvaises passions, et l'on pervertira chez lui, par l'ambition, ce sentiment du juste et de l'injuste que vous lui croyez.

______

(1) Comme on le verra par la suite de ces discussions, dont celle-ci ne fait que poser les arguments contradictoires.

Nous répondons que, pour celui qui tient compte des causes, l'observation des faits dément tous les jours cette assertion ; par exemple : qui a jamais vu dans nos rues une querelle s'élever, et ce que vous appelez la masse ignorante et grossière prendre parti pour l'oppresseur contre l'opprimé. Sans doute on peut s'égarer ; mais corrompre les masses par ses propres membres, au point de vue que nous traitons, c'est plus difficile, ou du moins on avouera que, si corrompre est chose à faire chez le pauvre, c'est chose faite chez les privilégiés; et nous espérons démontrer que cette prétendue corruption des masses, dont on nous fait peur, est non-seulement difficile, mais impossible, suivant la nature des choses et des rapports des intérèts généraux entre eux.

On nous dit : Si aujourd'hui la voix d'un électeur coûte une bourse pour un enfant à élever dans un collége, un emploi dans l'état, une croix d'honneur, ou quelques billets de banque, ce sera une affaire de un ou deux francs quand tout le monde sera électeur, et rien ne sera changé; puis on ajoute: Vous vous plaignez que les fonctionnaires publics soient députés : eux seuls entendent les affaires; et d'ailleurs une sangsue grasse est bien plutôt repue qu'une maigre.

Nous répondons d'abord qu'en France ce n'est pas l'intelligence qui fait défaut, et quant à la sangsue l'exemple est mal choisi, attendu que l'homme ne dit jamais : *C'est assez*, comme l'animal, et que plus il est puissant, plus il fait descendre jusqu'à lui toute chose à une question de personne ou d'argent. Qu'est-ce qu'il faut à l'ambition du pauvre? une perspective d'ouvrage continue, qui lui garantisse le nécessaire ; qu'est-ce qu'il faut à l'ambition d'un grand? une position dans le monde qui éclipse tous ses rivaux. Il est facile de voir que pour se défendre on devient imprudent; car s'il fallait conclure de ces paroles qu'il n'y a pas de justice possible à espérer, alors pour-

quoi moutons et loups? soyons tous loups, et dévorons-
nous les uns les autres. (A quelle extrémité pousse une
objection mal digérée!) Mais voyons plus froidement.
Nous avons dit que l'homme fait descendre jusqu'à lui
toute chose à une question d'intérêt. Eh bien! considérons
la société et ce qu'elle veut. La noblesse demande la lé-
gitimité et ses priviléges ; la bourgeoisie, l'inamovibilité
du cens électoral qu'elle a conquis ; et le pays, sa représentation par lui-même ou le droit commun. Toutes ces
prétentions sont-elles également fondées? Voyons :

Le suffrage de tous, admis par quelques-uns comme
principe, tout en en rejetant l'application. On a dit : Que
celui qui ne possédait rien ou peu, ne pouvait avoir aucun
intérêt à la chose publique, et par cela même n'offrait aucune garantie d'ordre ; que l'homme qui n'a rien pouvait
continuer à ne rien avoir s'il était enclin à la dépense,
mauvais sujet ou paresseux, et, comme tel, dangereux
pour l'Etat, s'il était revêtu du droit de suffrage.

Nous répondons :

Pour minime que soit la portion du pauvre, il y est
aussi attaché que le riche à son trésor, si ce n'est plus,
à moins qu'il s'agisse de dévouement, auquel cas il est
toujours plutôt près pour le sacrifice que le puissant. Eh !
comment l'homme qui n'a rien, pourrait-il continuer
d'exister longtemps encore dans une société qui se prétend civilisée? Quand au mauvais sujet, au dissipateur,
aux enfants prodigues abandonnés, la société a pourvu
depuis longtemps à s'en garantir par répression ou inti-
midation (nous voulons parler de Charenton ou des pri-
sons.) Mais pour prévenir l'inconduite de tels hommes,
la société n'a rien fait encore d'efficace, et l'éducation
sera toujours entachée de parcimonie pour le progrès de
la civilisation, tant qu'on ne parlera aux masses que de
leurs devoirs et jamais de leurs droits. Il y a chez le pro-

létaire, comme chez tout homme en général, un esprit d'observation qui l'empêchera toujours d'ajouter foi à des paroles dépourvues de l'autorité de la pratique et du bon exemple.

Le *droit*, voilà ce qui effraie nos conservateurs ; ils nous disent avec la Charte, qu'ils font *immuable*, et avec une inqualifiable naïveté, que tous les Français sont égaux devant la loi, semblant ne pas se douter le moins du monde que la loi ne protége et ne peut protéger que ceux de qui elle relève ; ils ne tiennent aucun compte de cette nature des choses, à savoir que tout droit implique nécessairement un devoir, et que les droits comme les devoirs se garantissent mutuellement, parce que chacun a intérêt à respecter celui des autres pour qu'on respecte le sien, et que c'est ainsi que le repos et la sécurité de l'Etat ne sont plus menacés. Le conservateur de bonne foi ne fait pas attention que l'égoïsme, par sa phase de dévouement (1), est l'apanage des classes pauvres, et c'est pourquoi il est dit que *la voix du peuple est la voix de Dieu*. Cela ne veut pas dire, remarquons-le bien, que le privilégié soit dépourvu de dévouement ; mais chez lui le sentiment du juste et de l'injuste est dominé par l'instruction et l'habilité : ce qui fait qu'en matière d'élection, son intérêt personnel n'appelle pas, n'aspire pas la justice, comme l'intérêt personnel du pauvre qui ne peut juger, lui, que par le sentiment du juste et de l'injuste, à moins toutefois que ce sentiment ne soit faussé par l'ambitieux, auquel cas la Providence permet que dans son erreur le peuple immole quelquefois l'innocent à la place du coupable ; mais ce coupable, cet ambitieux, n'est point du pauvre, il vient de plus haut : ceci est fondé sur les faits ;

(1) Egoïsme et dévouement ne sont que le va-et-vient d'une même chose ; *c'est la loi de l'esprit*, comme l'attraction et l'expansion ne sont aussi que le va-et-vient d'une même chose : *la loi des corps et de la matière*.

les conclusions sont forcées. Par exemple, qu'un peuple renverse un trône en trois jours : si ce peuple est sans droits, il n'y aura qu'un homme de changé, et ce peuple n'en sera que plus malheureux après la victoire, parce qu'il faut que les ambitions soient assouvies ; d'où il résulte que si le peuple a des droits, tout s'ordonnera selon la justice : il n'y aura rien à renverser, et l'empire de la force brutale sera détruit.

Le privilégié, et j'y reviens, est dominé généralement, disons-nous, par sa capacité, son instruction et son éducation même, qui nuisent à sa justice, et voilà pourquoi l'adjonction des capacités ne ferait qu'ajouter au mal qui existe déjà ; voilà pourquoi, quand on dit : Attendez que l'éducation du peuple soit faite, craignez de lui mettre dans la main une arme dont il ne sache pas se servir ; voyez comme il se laisse séduire par nos travailleurs d'élections (1), et mille autres raisons de ce genre, on se trompe : tous ces retardements peuvent avoir des résultats funestes. Si le peuple avait l'éducation de l'homme privilégié aussi bonne qu'on puisse l'imaginer, il ne supporterait pas deux heures de plus sa domination mauvaise. Il se laisse conduire, dites-vous : conduisez-le bien il est indifférent à la chose publique : cela doit être ; M. Thiers ou M. Guizot, que lui importe ! Vous voulez son bien-être : si vous êtes sincère, rendez-lui ses droits à la représentation ; que savez-vous si, lorsqu'il vous demande du pain, vous avez assez fait pour lui en jetant une obole dans sa sébile ? Ce qui le constituera toujours essentiellement votre supérieur en matière d'élection, c'est qu'étant bon riche, vous ne pouvez être également bon électeur ; il faut aux riches des faveurs, il ne faut aux pauvres que de la justice, attendu que plus que la justice, aut

____

(1) La séduction de la fraction sur la fraction, cela ne peut s'éviter dans ce qui est ; la séduction de la fraction sur le tout, cela n'est pas possible dans ce qui doit être.

chose que la justice, les replongeraient dans le privilége dont le sens commun, leur unique guide, doit les préserver et les défendre.

Mais de quel droit, nous direz-vous encore, voulez-vous imposer votre opinion à ceux qui ne sont pas de de votre avis? Du droit que nous donne votre acquiescement aux principes fondamentaux dont vous voulez repousser les conséquenses, et qui sont que, de par Dieu, les hommes naissent égaux et libres; (dans le tout, la somme de bien l'emporte et doit l'emporter sur celle du mal; ou Dieu ne serait pas Dieu !) qu'ils sont donc tous électeurs de droit, droit à la fois naturel et divin, et qu'ils ont, pour ne pas s'égarer dans l'exercice de ce droit, *le sentiment du juste et de l'injuste!* Comment donc l'intérêt personnel, mobile de nos actions à tous, pourrait-il fonder une autorité légitime et équitable, qui ne relèverait pas de tous?

Veut-on voir s'il peut en être autrement? Écoutons ce qui est :

Qui possède le superflu, double ou triple ce superflu à chaque génération; comment n'y aurait-il pas de déficit du côté où il n'y a que le nécessaire, et, par suite, misère intolérable par le manque de ce nécessaire qui va croissant, toujours en raison inverse de l'augmentation du superflu?

Une autre proposition :

Toute personne sait que la terre produit en raison du travail qu'on lui donne; comment donc le pays légal, impuissant à administrer cette terre ou ce travail (non pas faute de moyens ou de capacité, mais faute de justice et de charité), pourrait-il prétendre à continuer quand même et seul le gouvernement des affaires publiques sans se rendre fauteur d'anarchie?

Si l'esprit de chacun ne saisit pas ces arguments, essayons de le fixer par des chiffres : il y a en France 34 ou 35 millions d'âmes ; défalquons les femmes, sans tenir compte, pour le moment, de leur juste influence, qui est très grande, comme chacun sait ; les enfants, les vieillards, si l'on veut, et réduisons les hommes valides de 30 à 60 ans, par exemple, au nombre de 10 millions ; sur ces 10 millions, deux cent mille seulement jouissent du droit électoral ; admettons que ces deux cent mille, pour faire largement la part du privilége, aient une influence du quadruple de leur nombre, ce qui portera leurs droits de deux cent mille à huit cent mille ; mettons un million, et nous aurons un sur dix, ou si l'on veut neuf contre un, eh bien ! est-il juste que l'intérêt de neuf soit sacrifié à l'intérêt d'un seul ? Toutefois, on s'avoue vaincu en théorie ; mais on n'admet pas la pratique, ce qui revient à dire : Oui, nous convenons du mal, et cependant nous ne voulons pas sortir de ce mal ; et, déguisant un égoïsme grossier sous une prétendue honnêteté et je ne sais quel soi-disant amour de l'ordre, on s'écrie hypocritement et tremblant de peur : Ne troublons rien ; ne touchons à rien ; reposons-nous sur la Providence : Dieu sait mieux ce qui nous convient que nous-mêmes, courbant ainsi la tête sous la doctrine du fait accompli. Serait-ce que le dictum si connu : Aide-toi, le ciel t'aidera, » aurait perdu sa signification, qu'il n'y a rien à faire pour sortir d'une pente fatale ! Non, Messieurs, il y a quelque chose à faire pour les hommes de bonne volonté, et l'humanité ne marche pas au hasard. Il faut d'abord se mettre d'accord sur le code de la véritable charité donné aux hommes par le Sauveur ; c'est là où nous trouverons, avec la révélation divine, cette révélation sociale, qui fait, depuis le commencement du monde, le travail et l'attente des nations ; seule juste parce qu'elle est de Dieu ; seule praticable par tous parce qu'elle fait le bonheur de tous et dans ce monde et dans l'autre.

A présent, voulez-vous savoir comme on s'entend peu sur ces matières, Ecoutez! J'assistai dernièrement par hasard à une discussion sur la politique de GRÉGOIRE VII. Cette discussion, calme d'abord, dégénéra bien vite en une lutte d'effort et de talent entre le spirituel et le temporel; là encore, comme dans le monde, on n'a pas fait attention que ces deux pouvoirs, coulant d'une même source, ne pouvaient pas être ennemis, qu'ils se contrôlent l'un par l'autre et ne font qu'un, quoique distincts, Dieu n'étant pas l'auteur du mal; je m'explique :

Celui qui a dit · *Tu es Pierre, et sur cette pierre je bâtirai mon Eglise ; Pierre, m'aimez-vous? paissez mes brebis*, etc., n'est-il pas le même que celui qui a dit : *Les princes et les grands dominent les nations et les gouvernent avec empire : il n'en sera pas de même parmi vous ; mais que celui qui voudra être le premier soit le serviteur de tous.* Si donc, Dieu a donné le pouvoir électif ou temporel comme droit de chacun, et le pouvoir moral ou spirituel à l'Eglise comme gardienne et protectrice de sa loi, la loi de Dieu, il a, par cela même, tout réglé, fondé la hiérarchie, et constitué l'unité de la puissance dans ces deux modes de manifestation *morale et politique.*

A présent, si nous considérons séparément l'ordre temporel ou politique plus ou moins conforme au principe évangélique, c'est-à-dire à l'élection, tout pouvoir dirigeant, dans toute société, tel que nous puissions l'imaginer, ne relève-t-il pas, du moins fictivement, du principe électif, et encore que l'élection reposerait entièrement sur l'égalité évangélique, ne faut-il pas craindre toujours que le relâchement des uns, l'ambition des autres, ne le fassent dévier, et alors que par déviation tout serait confondu par l'anarchie des idées et des intérêts opposés; où serait la branche de salut des Peuples sans l'autorité de Pierre, gardienne de la loi?

L'Église, Messieurs, a intérêt à surveiller, et aussi propager et protéger le principe électif; sœur de la charité, elle est née avec elle le même jour sur le calvaire ; n'oublions pas que son chef s'intitule le serviteur des serviteurs de Dieu, et que toute politique contraire à cette profession de foi ne pourrait qu'affaiblir son autorité, en lui enlevant des fidèles (je veux parler de ces fidèles peu raffermis encore sur la parole du Sauveur).

N'oublions pas aussi et surtout que, gardienne scrupuleuse et sévère de la loi immuable de Dieu, l'Eglise n'a jamais failli, si elle s'est tue à l'endroit des Evangiles qui consacre le droit des Peuples (nous verrons en son lieu la cause de ce silence).

Je me résume : la question est grave et digne d'occuper les penseurs favorables au progrès de toutes les époques ; notre légèreté française ne s'y arrêtera pas ; nous jugeons beaucoup avec la tête ; et quand le cœur s'en mêle, il brise trop souvent les barrières de la raison. Restons dans ces barrières, Messieurs, ne nous écartons jamais des limites du juste, et dans ce camp retranché, avec cette modération dont vous avez donné jusqu'ici l'exemple, l'Evangile d'une main et la plume de l'autre, soyons certains qu'avec le droit, la morale, la foi, Dieu et l'Eglise, nous devons nécessairement vaincre, si nous savons mettre la persévérance dans notre sagesse, comme vous l'avez mise plus particulièrement, vous, les deshérités du monde, dans votre résignation.

Messieurs, un fait qui n'a point d'analogue dans les annales de l'humanité pour l'enseignement des nations, se passe aujourd'hui sous nos yeux : je veux parler de l'Irlande. O'Connel, suscité par la Providence pour appeler sur lui tous les regards, après avoir appris à ses concitoyens leurs droits, les a comme abandonnés tout-à-coup, en les offrant pour ainsi dire en holocauste à la liberté, comme la rançon de tous les autres peuples du monde....

2.

L'observateur et le moraliste ne seront pas sans réflé-
chir à cet affligeant spectacle, et auront à considérer,
d'après la maxime : *Chacun chez soi, chacun pour soi,*
si l'individualisme, qui résume tous les actes de la vie
humaine, doit continuer de la même façon à être l'arbitre des sociétés, dans l'avenir. Nous ne craignons pas de
l'affirmer, et nous en appelons en témoignage le sens
commun de toutes les générations, devant ce grand enseignement qui restera dans la mémoire des hommes, devant ce démenti donné à tous nos admirateurs quand
même du gouvernement d'outre-Manche, un système sous
lequel peut se produire pareille énormité ne peut durer
longtemps encore.

Et ici, Messieurs, pour se rendre compte du mauvais vouloir des riches, réfléchissons sur ce qui se passe.

Voyez-les, lorsqu'ils discutent monopole entre eux, comme ils sont les premiers à se dire qu'il faut que tous les
intérêts soient représentés. Ils reconnaissent donc des
intérêts différents, et confessent par là les deux grandes
catégories du pays légal, qui s'accorde tout, contre le pays
non légal à qui ils n'accordent rien.

Si, analysant le mécanisme de l'intérêt personnel dans
le rôle qu'il doit jouer en organisation sociale, vous craignez de n'être pas compris, détrompez-vous ; la pensée du
privilégié devancera votre démonstration, et se trahira par
ces mots : « C'est la guerre de ceux qui n'ont rien contre
« ceux qui possèdent. » Et croyant avoir trouvé dans
cette calomnie une objection sans réplique, il se redres-
sera de toute la hauteur de son dédain, et ne se croira
plus obligé de vous écouter ni de vous répondre.

Il faut cependant, Messieurs, à l'homme réfléchi qui
cherche la vérité, une explication de ce fait ; eh bien !
Messieurs, l'homme réfléchi ouvre l'Evangile, et là encore le privilégié a pris les devant ; il a faussé l'œuvre de
Dieu ; mais tant de fraudes et de mauvaise foi ne seront-

elles pas dénoncées à l'opinion publique ; vain espoir : toute mesure est prise à cet égard, et la loi a formulé ces paroles remarquables par la profondeur de la démoralisation qui les a produites, « *Les preuves en diffamation ne sont point admises.* » Si, Messieurs, les hommes antichrétiens, anti-sociaux, comme vous voudrez les appeler, savent si bien s'entendre, qu'ils aient pu fonder et maintenir l'autorité du pouvoir par des billets de banque, et battre monnaie du signe représentatif de toutes les corruptions en s'en réservant le monopole, après y avoir attaché tous les droits ; pourquoi les véritables chrétiens ne s'entendraient-ils pas pour replacer cette même autorité dans le droit, en la fondant sur le dévouement et l'amour, comme le veut l'Evangile ? C'est là ce qu'il faut que l'homme qui ne fait pas partie du pays légal sache, et c'est là ce que le pays légal ne permet pas d'imprimer......

Messieurs, que l'on prêche la vérité par des écrits, tant qu'on peut croire que ses adversaires ne sont pas éclairés, rien de mieux ; mais quand cette illusion n'est plus possible, la propagande, et la propagande orale et sans bruit, est le seul moyen laissé à la vérité pour se faire jour. Ne demandez plus de martyrs : voyez l'Irlande..... ils le savent, et que font-ils !!!...

Messieurs, tout homme qui naît dans la société apporte dans cette société le droit d'y vivre. Si vous comprenez cette vérité, il faut l'atteindre. Lisez l'Evangile : vous verrez qu'éviter les regards pour faire l'aumône, ce n'est pas manquer au précepte, mais se renfermer dans le précepte même ; que chaque chrétien fasse donc l'aumône à son frère de la parole évangélique *d'émancipation, de soumission et de charité.*

Souvenons-nous que la vérité ne grandit qu'à la condition d'être combattue, et que l'orgueil, toujours mauvais, est en cela peut-être, nécessaire. Soyons donc plutôt reconnaissants envers nos frères qui nous combattent, et ne les jugeons point; car ils aident aussi au triomphe de la vérité.

En politique le point d'appui que demandait Archimède pour soulever le monde est trouvé : c'est *l'Evangile ;* et le cœur du simple, qui interprète ce point d'appui, ne fera jamais de protestant.

SOMMAIRE.

Principes : leur mode de développements; progrès; sa définition et sa preuve; élection, son indispensabilité et son droit; intérêt personnel, son analyse; comment il doit fonctionner; l'opinion; en élection, les défauts du pauvre ne peuvent nuire, et ses qualités peuvent servir; son ignorance est la faute des lois; parallèle de la loi mosaïque avec la loi chrétienne. — Récriminations mauvaises.

L'Auteur de toute chose a créé l'homme libre. Cette prérogative de l'homme libre ne pouva't exister sans le mal, aussi nécessairement qu'un carré ne peut exister sans quatre angles droits. Pour peu que l'on réfléchisse, on conçoit tout de suite que si l'homme ne pouvait mal faire, il ne serait pas libre; mais le mal, en définitive, est moins fort que le bien, et je le prouve, premièrement, parce que si le mal était égal au bien, aussi fort que le bien, ces deux forces ou principes, en antagonisme perpétuel se neutraliseraient : nous n'en saurions rien, nous n'y découvririons rien; et, secondement, il serait absurde de supposer que l'Auteur de toute chose a voulu et a pu créer une puissance supérieure à la sienne; en troisième lieu, on ne peut avoir conscience de principes opposés, de forces contraires, qu'autant que ces forces, que ces principes sont inégaux : dès qu'il y a inégalité, il y a lutte; dès qu'il y a lutte, il doit arriver nécessairement que le plus faible soit vaincu, soit absorbé dans le plus fort : c'est ce travail de l'humanité que je définis le progrès.

« Ce progrès, dit Lamenais, malgré les obstacles qui
« le retardent, ne laisse pas de s'accomplir irrésistible-
« ment, aussi bien dans l'ordre pratique que dans l'ordre
« des idées. Si, portée en avant par chaque révolution
« qu'a préparé le mouvement général des choses, la so-
« ciété ensuite retourne en arrière , jamais elle ne rétro-
« grade jusqu'au point d'où elle était partie. Une certaine
« notion plus exacte du juste, un certain sentiment plus
« parfait du droit restent ineffaçables au fond de la con-
« science et de la raison publiques, et toujours le peuple
« conserve une portion de la liberté qu'il avait conquise,
« et s'en sert pour reconquérir celle dont les traîtres l'ont
« dépouillé. C'est une affaire de temps, et le temps, qui
« se calcule en des limites si resserrées pour les individus
« et pour les nations mêmes, n'est rien pour l'humanité,
« qui grandit et ne vieillit point, et marche toujours vers
« le terme divin qui l'attire. »

Dès qu'une société est un peu ancienne, il s'y glisse
des abus ; de ces abus ressort le privilége et le monopole,
dont les conséquences sont le cumul des biens pour
quelques-uns, et les dernières limites, la destruction et
l'anarchie pour tous : alors il faut que le gouvernement
de cette société se retrempe dans l'élection, qui est son
principe, et son élément primitif et naturel. Remarquons
bien que la faiblesse de l'homme isolé prouve la nécessité
de l'association et, de là, la recherche des lois qui doivent
régir cette association.

On ne comprend pas plus l'œuvre d'un législateur qui
ne serait pas consentie par ses concitoyens, qu'un pouvoir régulier quelconque qui ne sortirait pas de l'élection.
Si donc l'élection a conféré le pouvoir à l'un de ses membres, c'est qu'elle le possédait (Nul ne peut donner ce
qu'il n'a pas, est un axiome de notre droit écrit); et si la
société possédait le pouvoir, elle le possède encore ; car
nos pères ne pouvaient nous imposer des lois en contra-

diction avec le développement de notre raison et les progrès de notre intelligence ; disons encore que, si la loi pouvait être une concession du souverain, qui empêcherait son successeur de la violer ? Et quelle caste, quel corps particulier, prétendant ne relever que de lui-même, oserait-il s'attribuer le pouvoir ?

Ceci démontré, et pour être d'accord avec tous, attendu la diversité de nos jugements et de nos opinions, il faut trouver encore la raison dominante, le principe commun, qui pousse l'homme dans toutes ses actions. Eh bien ! cette raison dominante, ce principe commun, c'est le bien-être individuel, c'est la satisfaction à ses penchants, à ses désirs, à ses espérances. Il est impossible que l'homme fasse une action raisonnable qui n'ait lui pour principe et pour fin : or, avoir soi pour fin, c'est de l'égoïsme, tout le monde sait cela ; tout le monde sait aussi que l'égoïsme est mauvais, est injuste ; comment donc le bon, le juste, sortira-t-il du mauvais, de l'injuste ? C'est ce qu'il nous tarde de démontrer. Et d'abord, qu'il nous soit permis de poser cette hypothèse :

Etant donné, dans une circonscription plus ou moins grande prise au hasard, un député à élire et des professions de foi à élaborer, on demande qui aura le plus de voix, ou des candidats qui s'adresseront seulement aux intérêts matériels, ou de ceux qui appuieront ces intérêts matériels sur des croyances religieuses qu'ils avoueront être le régulateur de leur conscience ? En attendant l'expérimentation, nous affirmons que là où tous seront appelés, l'égoïsme choisira l'homme de bien. Qui ne conçoit, par exemple, que, le droit et le juste ayant intérêt à prévaloir dans la portion de la société qui est exclue de l'élection, ce ne soit précisément l'homme de probité qui soit appelé à défendre ce droit et ce juste ? Si vous ne comprenez pas cela, nous vous poserons dans l'hypothèse de l'opprimé, et nous vous demanderons à qui vous vous adresseriez vous-mêmes? Mentiriez-vous à votre conscience en nommant le pervers? Nous vous en défions! Et si vous voulez bien du juste, pourquoi le repoussez-vous pour vos frères opprimés?

Nous nous sommes placé jusqu'ici au point de vue seulement déiste et de de la loi naturelle, comme chrétien; nous ajoutons que ces frères opprimés, ces membres souffrants de la grande famille, sont ces pauvres d'esprit que Jésus appelle à son royaume, et contre lequel les portes de l'enfer ne doivent point prévaloir.

Recueillons ce que nous avons dit, et argumentons de bonne foi,

L'homme est libre; il a pour mobile d'action son bien-être; nous avons vu d'autre part que le bien est supérieur au mal, puisqu'il procède de Dieu, et, cependant, l'homme est irrésistiblement envahi par le mal, à ce point que, dans quelques contrées, il meurt littéralement de faim!

Qui nous expliquera ce mystère? — Comme aux premiers jours de l'humanité, si Dieu devait nous parler encore, il dirait à l'homme : J'ai forcé ta raison à reconnaître que l'intérêt personnel, à quelque dégré de l'échelle sociale qu'il appartint, avait avantage à choisir (pour être conséquent) l'homme de bien, ce sublime égoïste, lui aussi, qui croit au Ciel, à l'Homme-Dieu, qui fait tout pour Dieu dans son intérêt futur; et comment cette démonstration ne te suffit-elle pas? comment ne vois-tu pas que l'intérêt personnel, qui toujours isole et divise, quand il agit dans un intérêt de fraction, unit, accorde, harmonise, dès qu'il agit dans un intérêt d'ensemble et de totalité? Comment ne vois-tu pas que ce même intérêt, ce même égoïsme de quelques-uns pris à part, est absolument mauvais; il faut le dire encore, puisqu'il ne saurait fonctionner qu'en faveur du principe conservateur qui le constitue ce qu'il est, c'est-à-dire, privilége, c'est-à-dire partie séparée, et par cela même funeste au tout?

L'intérêt personnel reconnu comme loi de l'esprit, dont les points extrèmes sont l'égoïsme et le dévouement, il ne s'agit plus, pour élever le dévouement à la place de l'égoïsme, que du concours de toutes les volontés.

Pénétrons-nous bien de ces principes, et considérons que trois passions gouvernent les hommes : l'amour, l'intérêt et l'opinion. Dans la jeunesse, l'opinion est mixte : elle tient de l'amour beaucoup, de l'intérêt privé peu, et souvent encore d'un certain degré de foi ; mais quand le sentiment religieux est tout à fait développé par l'étude et la réflexion, alors il domine et fait l'opinion. L'homme voit clairement son véritable intérêt, et sa raison appuyée de la loi naturelle, et confirmée par la foi, ne peut plus accepter des idées ou des principes qui se contredisent.

Les arguments contre la science et la richesse, comme fondements du droit électoral, sont irrétorcables. On a beau dire : Par son ignorance et ses mauvaises passions, l'opinion de l'homme qui n'a rien serait un danger pour l'homme qui possède, cela est faux.

Etablissons nos comptes :

D'un côté, je vois le nombre, la force, le dévouement, l'amour, la foi, la patience : voilà pour les qualités. Pour les défauts, je vois l'ivrognerie, l'ambition, la cupidité, l'ignorance et la crédulité sa compagne, cortége d'une foi peu éclairée encore, si vous voulez, mais qui n'en est pas moins bonne, pas moins translumineuse (suivant l'expression de notre premier orateur chrétien), pour conduire l'homme grossier et simple dans l'appréciation nécessaire du juste et de l'injuste. Ce que je passe, dans cette énumération de défauts et de qualités des hommes en général et des classes pauvres et laborieuses en particulier, est tout à l'avantage de l'homme privilégié.

L'ambition de celui qui n'a rien ou qui a peu, vous

alarme, dites-vous ? Quand un maréchal-ferrant voudrait être un maréchal de France, vous le logeriez aux petites-maisons : où serait le danger pour l'État? Son *ivrognerie!* Il est vrai ; le malheureux croit y noyer quelquefois ses chagrins ; mais on voterait à jeun. Sa *cupidité?* Qu'on me montre ce qu'il y a de plus ou moins mauvais, comme nous l'avons déjà dit ailleurs, entre désirer un travail qui fournisse au besoin de chaque jour, *vœu du prolétaire,* ou augmenter sa fortune d'un million, désir *d'homme comme il faut.*

Son ignorance! elle fait votre injustice ; et si elle a quelquefois des écarts, c'est là peut-être un crime de lèse-humanité dont vous porterez seuls le poids..... Dans leur détresse, ils ont écrit sur leur drapeau : *Vivre en travaillant ou mourir en combattant !* Vous appelez cela de la révolte : vous y répondez avec du canon, pour que force reste à la loi, et vous nous demandez quels sont nos droits pour modifier cette loi!

Nous répondons : Nos droits! Nous les écrivons tous les jours avec notre sueur dans les sillons qui fertilisent vos campagnes, dans les travaux de toute nature qui vous défendent de la rigueur des saisons, qui vous parent et embellissent vos demeures ; nous les écrivons avec notre sang sur les champs de bataille, quand l'honneur ou la défense du pays nous y appelle. Vous commandez, et c'est votre génie, dites-vous, qui assure la victoire ? Prenez garde, par d'imprudentes provocations, qu'un nouveau 89 ne vienne vous donner un nouveau démenti.

Ce langage est fier, et nous ajoutons :

Si vous nous donnez du pain quand nous sortons mutilés du combat, nous voulons que nos frères en aient aussi par leur travail, et lorsqu'ils ne peuvent plus travailler, sans que l'aumône dégradante, qui n'est que le passage nécessaire pour arriver à l'égalité des droits politiques, imprime plus longtemps l'humiliation du paria sur le front de celui que l'Évangile fait électeur. Hé ! s'il n'en était ainsi, où serait pour le chrétien le progrès de la loi nouvelle sur l'ancienne ! *L'esclavage aboli !* direz-vous ? Qu'est-ce que votre loi du recrutement, qui fait, pendant sept ans, d'un être raisonnable, d'un homme comme tout le monde, un automate blanc, bleu, ou rouge ? Dans l'ancienne loi, quand un homme voulait continuer d'être esclave, on lui imposait, par une cérémonie infâmante et douloureuse, l'obligation de l'être toute sa vie, et, aujourd'hui, l'homme qui se vend n'en est pas plus mal vu pour se faire l'instrument de la force brutale. De quel côté est l'avantage ?

Arrivons à la charité. Tel était le précepte : *Vous aimerez votre ami comme vous-même*, et les Septante, suivant l'hébreu, traduisent : *Vous aimerez votre prochain comme vous-même*. La septième année, avec la liberté, le pauvre avait droit à la récolte entière de l'année de repos ; et il est dit pour les temps ordinaires : Vous ne moissonnerez point jusqu'à l'angle de votre champ, et vous ne ramasserez point les épis qui sont restés. La loi du talion, malgré ce qui peut nous choquer, valait mieux que notre Code pénal avec ses considérations préventives et un jury qui ne relève que du privilége. Où voyons-nous, sous l'ancienne loi, des peuples décimés par la misère et la faim comme en Irlande ? Et tous les cinquante ans le jubilé, cette liberté générale, où chacun avait le droit de retourner à sa première famille, et de rentrer dans ses biens ! Cela au moins arrêtait dans sa source la passion d'acquérir. Non, je le répète, à votre manière de croire au Christ, Moïse serait au-dessus du Verbe divin, ce qui révolte en même tems la raison et le sentiment.

Autant que l'homme peut être juge de sa bonne foi, cette bonne foi, nous l'avons mise en pratique : qu'elle nous ait conduit à l'erreur, cela est possible ; mais alors, voulant rester logique, Dieu serait notre complice : il aurait fait coïncider en nous la loi naturelle avec la loi religieuse ; il serait l'auteur de l'erreur. Prenons garde ! L'erreur en fait de principes n'est que la négation de la vérité, et, l'hypothèse dont il s'agit, renfermant une négation des attributs nécessaires de la toute-puissance, à savoir la *bonté*, il s'en suivrait la négation de la toute-puissance elle-même.

Nous n'avons pas besoin d'aller plus loin ; et, sans nous embarrasser dans cette raison que Montaigne appelle à bon droit un pot à deux anses qu'on peut saisir à droite ou à gauche, affirmons une justice éternelle qui a son point de relation nécessaire dans le sentiment du juste et de l'injuste de chaque individu, afin que chaque individu connaisse cette justice éternelle, et puisse, dans l'exercice de sa liberté, être sauvé ou perdu suivant le mérite ou le démérite de ses actions.

Nos adversaires se dispensent de répondre à nos arguments en nous adressant les épithètes de présomptueux, d'orgueilleux ! Quoi ! nous serons des présomptueux, des orgueilleux de reconnaitre dans chacun de nos frères la distinction du bien et du mal, le sentiment du juste et de l'injuste, et vous ne le serez pas de vous prétendre, vous, les seuls privilégiés de *cette distinction* de ce sentiment? Quoi! vous nous prêchez l'humilité, et vous commencez par vous établir les supérieurs des autres de votre autorité privée ; vous nous accusez d'ambition, et vous fondez ce que vous appelez votre droit sur les richesses qui en sont le fruit. Vous parlez de désintéressement, et vous donnez l'exemple du cumul, que vous ajustez, dites-nous comment, avec la charité évangélique, de justice, d'équité, et vous invoquez la force brutale à la place du raisonnement et de la persuasion ; de science, et vous ne savez seulement pas que vous lui devez notre commisération pour vous à cause des préjugés et des vices de caste qui passent des pères dans les enfants avec le sang, comme certaines maladies, et qu'il faut un long croisement de races pour effacer ces taches enracinées. Permettez-nous de vous demander, avant d'exiger nos hommages, de vouloir bien exhiber vos titres à notre admiration. Nous savons qu'un peu de beurre sur le pain noir, dans l'exigu repas d'un homme de peine, le vendredi, vous scandalise; nous savons que ceux qui mettent l'esprit au-dessus de la lettre dans la loi morale n'ont pas vos sympathies, et que vous aimez bien mieux voir nos prêtres s'attacher à circonscrire la raison du pauvre dans l'obéissance passive et sans contrôle, sous prétexte de foi, que de voir ce même prêtre gourmander le riche dans l'abus indiscret de son luxe et de son opulence qu'il étale à la misère publique, et dont il perpétue ainsi indéfiniment, par les besoins de ce faste déplorable qu'il se crée, la présence sur cette terre.

Il est honteux pour l'espèce humaine, d'autre part, que, s'il est un gouvernement dont il faille fuir la politique, on ose toujours nous le donner pour exemple, et que l'Europe monarchique se dispute à l'envie ses institutions liberticides et de lèse-humanité. (Nos lecteurs nous comprendront mieux sous la forme qui suit.)

DIALOGUE POLITIQUE

ENTRE

Un ANGLAIS conservateur et un FRANÇAIS radical.

LE FRANÇAIS.

Je vous demandais, Milord, comment le premier riche s'y était pris pour accorder le cumul des biens avec l'égalité et la charité évangéliques? Un philosophe du seizième siècle disait : S'il n'y a rien de clair et d'apparent dans la nature, et en quoi il ne soit pas permis de faire l'aveugle, c'est cela que la nature, le ministre de Dieu et la

gouvernante des hommes, nous a tous faits de même forme et, comme il semble, à même moule, afin de nous
entre-connaître tous pour compagnons ou plutôt frères ;
et si, faisant le partage des présents qu'elle nous donnait,
elle a fait quelques avantages de son bien, soit au corps
ou à l'esprit, aux uns plus qu'aux autres ; si n'a-t-elle pour-
tant entendu nous mettre en ce monde comme dans un
champ-clos, et n'a pas envoyé ici-bas les plus forts et les
plus avisés, comme des brigands armés dans une forêt,
pour y gourmander les plus faibles ; mais plutôt faut-il
croire que, faisant ainsi aux uns des parts plus grandes et
aux autres plus petites, elle voulait faire place à la frater-
nelle affection, afin qu'elle eût à s'employer, ayant les
uns puissance de donner aide, et les autres besoin d'en
recevoir..... Il ne faut pas faire doute que nous soyons
tous libres, puisque nous sommes tous compagnons ; et
ne peut tomber dans l'entendement de personne que nature ait mis aucun en servitude, nous ayant tous mis en
compagnie.

Aussi avons-nous en France des idées de droit commun
qui nuisent bien à l'implantation de votre système, et l'inégalité naturelle des conditions, que nul n'a la folie de nier,
n'est pas une raison pour admettre et naturaliser chez
nous le privilége politique.

L'ANGLAIS.

En France, vous êtes des bavards. Qu'est-ce que vous
entendez par *privilége*, par *prolétaire ?*

LE FRANÇAIS.

Un prolétaire, ce n'est pas un homme comme il faut. Il n'a
ni rang, ni fortune, ni noblesse ; et il y a beaucoup de ces
gens de rien en France qui croient avoir un droit naturel
inaliénable, imprescriptible, disent-ils ; que le Christ, depuis Constantin, en venant accomplir le passé, régler le
présent et fonder l'avenir, a détruit l'esclavage et procla-
mé la liberté ; et quand il s'agit de droit, chacun de ces
hommes prétend compter pour un.   3.

L'ANGLAIS.

Vous voyez bien alors, ainsi que vous le dites vous-même, que ces gens-là ne sont pas du tout des hommes comme il faut. Voyez chez nous si nous avons des prolétaires, si nous avons des priviléges ; nous ne connaissons pas de privilége : nous connaissons homme capable, qui a la science, l'éducation, le génie et la fortune qui va toujours avec. C'est pourquoi, quand il paraît un sujet qui annonce distinction, nous le tirons de ce peuple, et nous le convertissons par l'éducation à la classe des hommes de distinction, pour l'intérêt bien entendu de l'humanité. C'est ainsi que nous n'avons pas de ces hommes, de ces grands misérables qui troublent la tranquillité publique par des chimères.

LE FRANÇAIS.

Mais ils prétendent que leurs théories ne sont pas du tout des chimères, et qu'ils se fondent sur la raison, la justice, la morale et la foi. Ils disent qu'un seul d'entre eux, mourant de misère et de faim, quand la terre pourrait nourrir dix fois plus de monde qu'il y en a , est un crime de lèse-humanité, dont on doit tenir compte à ceux qui font les lois ou qui communiquent le pouvoir de lés faire.

L'ANGLAIS.

Ils sont bien raisonneurs chez vous. Vous ne pouvez pas leur démontrer que Christ a dit lui-même : *Il y aura toujours des pauvres parmi vous.*

LE FRANÇAIS.

Nous leur disons bien cela ; mais ils y regardent de leurs propres yeux, et ils voient dans ces paroles un sens droit, naturel, tout-à-fait contraire au sens oblique que vous trouvez ; ils démontrent, d'après l'Evangile, que le pharisien Judas Iscariote, murmurant des parfums répandus sur Jésus par Marie-Madeleine, ne se souciait guère des pauvres en faveur desquels il faisait son hypocrite observation. Et alors les paroles du Christ : Laissez-

la faire ; *vous avez toujours des pauvres parmi vous*,
n'ont pas besoin de ce complément, parce que, pharisiens
dans le cœur, vous n'avez pas l'esprit de charité qui
anéantirait le paupérisme par la charité, par le dévouement, par le concours de toutes les volontés à la direction des affaires publiques, au moyen de l'élection, ce
qui tendrait au règne de Dieu. Tandis que le règne du
monde consacre le paupérisme, parce qu'il consacre le
privilége des catégories, source incessante d'injustice et
d'anarchie perpétuelles.

L'ANGLAIS.

Godem! qu'est-ce que vous dites? Tous ces beaux rai-
sonnements ne valent pas la logique des faits. Voyez l'An-
gleterre! Ne sommes-nous pas un grand peuple? Soyons
raisonnables .... L'activité humaine et la nécessité de
vivre n'exigent-elles pas le travail et l'intelligence : donc,
naturellement, la puissance, l'autorité appartiennent à l'esprit, à l'intelligence. Eh ! *qui a plus d'esprit d'un homme
du peuple ou d'un milord* (1) ? Donc, nous devons
commander, et toujours commander, et pour être
encore plus sûrs de conserver cette bonne chose du
commandement dans les mêmes hommes et dans les mêmes
familles, nous autres gentilshommes, nous ne pouvons
même pas nous ruiner si nous faisons des dépenses plus
fortes que nos revenus.

LE FRANÇAIS.

Comment cela? L'aristocratie anglaise est-elle donc
solidaire pour chacun de ses membres?

L'ANGLAIS.

Oui ; pour la conquête, pour l'agrandissement de notre
commerce, pour l'ordre et l'économie de notre société,
on est solidaire ; mais non pour nos dettes privées, on
ne paye pas : c'est une compensation. Le peuple travaille
pour nous ; nous pensons, nous gouvernons pour lui :
nous sommes la tête ; ils sont les membres : il faut cela

---

(1) Ceci est vrai ; nous en expliquerons la cause en son lieu.

pour le bien public et le maintien de nos institutions. Aussi, c'est notre civilisation qui est la plus avancée de tout le monde, et vos grands hommes politiques pensent comme nous à cet égard, petit Thiers, Guizot et notre grand ami Louis-Philippe, premier roi de bon sens et fidèle allié, si jamais il en fut.

LE FRANÇAIS.

Le peuple français qui n'est pas électeur , c'est-à-dire, à peu près 8 ou 10 millions de citoyens, qui goûtent peu l'entente cordiale, disent que vous ne voulez que notre ruine sans beaucoup vous cacher pour cela.

L'ANGLAIS.

Le peuple français est plein de stupidité, il crie toujours : il ne comprend pas le grand art de la diplomatie, les exigences des situations dynastiques pour la tranquillité et le bonheur des peuples. Enfin, s'il est reconnu, bien reconnu, comme nous le venons de prouver, que la lumière, l'esprit et la raison sont le partage des gens comme il faut, il n'y a pas autre chose, et Christ a dit lui-même : Rendez à César ce qui est à César. Qu'est-ce qui est César ? N'est-ce pas le roi et tous ceux-là qui servent le roi, qui forment sa puissance ? Qui est rendez ? rendez quoi ? N'est-ce pas l'argent ? Et qu'est-ce que rendez encore ? N'est-ce pas qu'il appartient à César, et qu'il faut le rendre ? Il ne dit pas donnez, il dit rendez, pour montrer que tout lui appartient; et quand on est en France, on voit partout : Musée du roi, armée du roi, marine du roi, tout est au roi, sujets du roi : donc, il n'y a pas d'autre droit dans l'humanité que le droit reconnu, bien reconnu des gens comme il faut, entendez-vous !

LE FRANÇAIS.

Ne vous fâchez pas, Milord. Je trouve ce que vous dites fort raisonnable, et je ne continuerai que si vous désirez connaître la logique de ces huit ou dix millions de Français en état de porter les armes, et dont quelques-

uns seulement ont assez d'instruction pur vous exposer
leur cause.

L'ANGLAIS.

Oui : continuez ; je serais beaucoup curieux de voir
cette cause.

LE FRANÇAIS.

Eh bien ! Milord, au sujet des paroles que vous venez
de citer : *Rendez à César ce qui est à César, et à Dieu
ce qui est à Dieu*, voici à quelle occasion elles furent
prononcées.

L'ANGLAIS.

Je sais aussi bien que vous l'occasion de cette chose,
et Christ payait lui-même.

LE FRANÇAIS.

Pour la conversion de César. Mais aujourd'hui que
César est chrétien, et soumis à la loi de charité, le droit
de Dieu est l'unique droit qui règle le temporel et le spirituel.

L'ANGLAIS.

Qu'est-ce que vous dites donc? qu'est-ce que vous dites?
Dieu a dit lui-même, Dieu a déclaré positivement que son
royaume n'était pas de ce monde.

LA FRANÇAIS.

Pardon, Milord : vous traduisez incomplètement : Voici
les paroles du texte : *Nunc autem regnum meum non
est hinc ;* mon règne n'est pas *maintenant* d'ici : manière de parler qui implique évidemment un temps à venir où le règne de Jésus-Christ sera d'*ici*-bas. Ce règne
est arrivé, puisque vous acceptez la loi.

L'ANGLAIS.

Je n'accepte pas ce que vous dites du tout. Je vous ré-
pondrai dans un moment, — tout de suite — quand vous
aurez fini la trop longue explication, à votre manière, de
l'Evangile.

LE FRANÇAIS.

Milord, c'est le texte en preuve que j'apporte : permet

tez-moi de citer brièvement les points principaux. Nous avons dit : Que le Christ vint finir le passé, enseigner le présent et donner l'organisation à l'avenir. Nous allons examiner le dernier acte de sa mission.

La loi qu'il nous enseigna, fut d'aimer Dieu par-dessus tout! et nos frères plus que nous-mêmes : *Je vous donne un nouveau commandement ; que vous vous aimiez les uns les autres comme je vous ai aimés* (nul ne peut aimer au delà de sacrifier sa vie pour lui); *vous serez mes amis si vous faites ce que je vous commande.*

Tel est le principe absolu des relations sociales selon la doctrine de Jésus-Christ. Le mode d'action de ce principe fut donné par lui dans cet autre commandement : « Qui doit être le premier parmi vous, doit être le serviteur de tous. » C'est-à-dire que le suffrage de tous élève l'homme dévoué.

Il désigna l'unité humaine comme le but dont la loi et le gouvernement qu'il avait revélés étaient le principe et le moyen.

Il annonça ce but dans la parole suivante : « Il n'y aura plus qu'un pasteur et qu'un troupeau. »

Il consacra tous les vœux des chrétiens dans cette seule prière qu'il leur laissa : « Que le règne de Dieu arrive. »

Enfin il laissa à ses disciples l'histoire future de l'établissement du règne de Dieu dans la parabole suivante :

« Un homme fit un grand souper, auquel il invita plusieurs personnes, et à l'heure du souper il envoya son serviteur dire aux conviés de venir, parce que tout était prêt. Mais tous, comme de concert, commencèrent à s'excuser. Le premier lui dit : J'ai acheté une terre, et il faut nécessairement que j'aille la voir : je vous supplie de m'excuser.

« Le second lui dit : J'ai acheté cinq couples de bœufs ; je m'en vais les essayer : je vous supplie de m'excuser.

« Et le troisième lui dit : J'ai épousé une femme : ainsi je n'y puis aller.

« Le serviteur, étant venu, rapporta tout ceci à son

maître. Alors le père de famille se mit en colère, et dit à son serviteur : Allez promptement dans les places, dans les rues de la ville, et amenez ici les pauvres, les estropiés, les aveugles et les boiteux.

« Le serviteur lui dit : Seigneur, ce que vous avez commandé est fait, et il y a encore des places de reste.

« Le maître dit au serviteur : Allez dans les chemins et le long des haies, et poussez-les à entrer, *compelle intrare*, afin que ma maison se remplisse.

« Car je vous assure que nul de ceux que j'avais conviés ne goûtera de mon souper. »

Vous voyez par là, Milord, qu'il est donné à la fonction éducatrice, au gouvernement révélé, un pouvoir pour se défendre, pour protéger le règne de Dieu et la loi de charité.

L'ANGLAIS.

Écoutez. J'ai beaucoup d'objections à vous faire. Premièrement, je vois que vous mettez moi dans les conditions de celui qui ne veut pas goûter au souper du père de famille. Vous êtes dans l'erreur grandement, Monsieur; car vous avez parlé tant, tant parlé, que je sens grande nécessité de mangemen ; mais soyons raisonnables et sérieux. Écoutez. Je vous dirai, moi, que nous-mêmes, nous, riches, de notre propre volonté, et à cause de notre charité, nous avons fondé la taxe des pauvres, et sérieusement, tout à fait sérieusement, de conscience. Comment il pourrait faire pour vivre, le pauvre, l'artisan, l'ouvrier, le cultivateur, le commis, le domestique, tout le monde enfin, se il n'était pas le riche!!! Oui, comme il pourrait faire ? se il n'était pas riche ?

LE FRANÇAIS.

Milord, il....

L'ANGLAIS, *fâché, l'interrompant.*

Taisez-vous un moment; j'ai laissé parler vous tout de long ! le justice veut que vous laissiez parler moi, et je vous ferai en ced moment une quest'on sérieuse ! Quand il arriverait que le fortune passerait des grands personnages aux petits personnages, croyez-vous qu'il serait beaucoup mieux ?

LE FRANÇAIS.

Il n'y a pas de nécessité que les uns possèdent tout et les autres rien.

L'ANGLAIS, *brusquement*.

Taisez-vous, je vous prie : c'est à mon tour de parler. Nous connaissons tous ces beaux sentiments de justice, d'égalité et de liberté, qui consistent à dépouiller l'homme comme il faut par la violence et la force brutale ; nous connaissons vos belles révolutions, 89-93 ; comme vous arrangez le pouvoir quand vous mettez vous en place de lui. Et c'est pourquoi nous connaissons cette chose : que toutes les aristocraties du monde, nous devons être toujours continuellement, et di plus en plus unis et serrés par rangs dans une juste et sainte alliance pour craser l'hydre anarchique, abominable, désastre cruel.... Godem.

(*Il bat du pied et abandonne le champ de bataille.*)

SOMMAIRE.

Nécessité de s'accorder sur les principes. — La majorité fait le droit commun; en dehors du droit
commun est l'anarchie.—Erreur du parti conservateur, fausses qualités attribuées à l'or.— La foi
au-dessus de l'instruction est le partage du grand
nombre.—Démonstration évidente au point de vue
électif de cette erreur si souvent répétée que le
pauvre convoite la fortune du riche, et qu'il est
dupe de l'ambitieux.

ET D'ABORD UN MOT SUR LA FEMME.

On a demandé pourquoi, en politique, la femme
n'était rien dans l'état. Avant d'entrer en matière,
disons tout de suite qu'à l'endroit de la domination
interdite, Jésus parle à des hommes et l'expression
de tous que désigne le masculin, l'électeur, ne peut
comprendre la femme; la liberté de la femme ne tient
pas comme celle de l'homme au droit électoral; la
femme, par le mariage chrétien, dit saint Paul, devient une seule chair avec le mari; nous devons voir
par là que dans la pratique, outre certaines impos-
sibilités physiques qui se passent de démonstration,
l'union dans la famille deviendrait impossible si des
opinions contraires pouvaient avoir dans chacun des
époux une égale autorité. Nous n'en dirons pas da-
vantage sur cette question.

Plusieurs personnes n'ayant pas saisi notre théorie
de l'intérêt personnel pour arriver à la connaissance
et à l'explication de nos droits et de nos devoirs,
nous croyons nécessaire d'argumenter de nouveau
sur ce sujet, et nous disons : Comment ! avec le sens
commun, un homme quelconque peut-il faire une
action qui n'ait lui pour principe et pour fin, et si
son intérêt personnel n'est pas son mobile d'action,
par quel raisonnement en dehors de la logique,

pourra-t-on en donner l'intelligence à tout homme ayant le sens commun dont nous parlons? Il faut donc convenir si l'on veut s'entendre, de la véracité de certains principes admis par tous; par exemple: Si la majorité fait le droit commun, comme cela est incontestable, comment avec une seule logique, y aurait-il plusieurs majorités (1)? n'est-ce pas que dans le privilége, la majorité ayant le même motif pour décider, que ce qui n'est pas lui, cette décision est contradictoire, parce que les intérêts sont différents? En supposant erreur d'une part ou de l'autre, vient-elle de l'homme privilégié ou de celui qui ne l'est pas? il nous sera facile d'examiner ceci, voyons!

L'homme du fait accompli, le conservateur, le privilégié, porte cette accusation au pays non légal, il dit: Le prolétaire, le paysan, l'homme qui n'est pas électeur, est fin, astucieux, méchant, en majorité du moins; donc, pas de droit commun qui nous amènerait l'anarchie. On peut répondre d'abord qu'en supposant le grand nombre des hommes méchants ou les méchants prévalant sur les bons, c'est faire régner le mauvais principe sur le bon, c'est détrôner Dieu du gouvernement du monde, Dieu qui a dit: *J'ai vaincu le monde*; et avant le Christ, voici les paroles du prophète: *Les justes brilleront, ils gouverneront les nations, et leur Seigneur régnera éternellement.* Mais nous n'avons pas besoin de ces arguments qui en valent bien d'autres, nous nous conformons pour le moment, et sans discuter, à ces paroles si souvent répétées par les conservateurs: *Il ne faut pas que le spirituel se mêle au temporel.*

---

(1) Il ne faut pas croire que la majorité soit difficile à connaître, l'opinion d'un nombre quelconque d'hommes pris au hasard la donnent, et surtout si on répète l'épreuve dans différentes localités.

Vous dites : Le prolétaire est méchant, astucieux ; quelle signification attachez-vous à ces mots ? si comme à vous-même vous ne lui connaissez pas d'autre mobile d'action que son intérêt personnel, en tout état de cause, il ne sera que ce que vous l'aurez fait, vous qui vous êtes attribué le droit de le bien élever, c'est-à-dire la *puissance*, et qui gouvernez ; mais nous voulons bien encore ici nous prêter un moment à vos contradictions, et accepter comme de bon aloi vos épithètes de méchant, d'astucieux ; alors la méchanceté et l'astuce émigrant dans nos rangs, la franchise et la bonne foi se seraient réfugiées dans les vôtres ? A la bonne heure. Examinons ! Méchant ! mais nous souffrons que vous nous fassiez la loi, et nous sommes les plus forts... Vous nous trouvez astucieux ! nous avons donc la connaissance du bien et du mal, et nous pourrions vous tendre des piéges où vous ne pourriez manquer de tomber, et nous ne le faisons pas... Vous nous dites : La présomption de la loi a choisi l'électeur dans une classe indépendante et instruite... La présomption ! le mot est heureux ! présumer l'indépendance et la science dans l'or ! l'or dont on pourrait dire *bête comme un écu,* avec tout autant d'esprit qu'on le dit de ce coquillage si généralement apprécié. Quel esprit faut-il à l'homme qui a de l'or pour le multiplier, et quel méfait, quelle action coupable résiste à l'appât de l'or ? Poursuivons... La loi ! autre mot vide de sens pour qui la considère dans ses rapports avec la justice ; on a élevé l'or, et parce que la vertu ne se paie pas avec de l'or, on a abaissé la vertu, on nie la vertu : pensait-on qu'il y avait moins de vertu à rester pauvre quand on avait pour soi la force et le bon droit. qu'à donner avec grande ostentation quelques parcelles de superflu à la mendicité qui blesse les regards ? On a crié bien haut, vive l'or ! tout pour l'or ! et le pays répond aujourd'hui, rien qu'à la vertu, rien qu'à l'équité. Voilà pourquoi il en appelle au droit commun, au principe de la majorité qui découle de l'inniable intérêt personnel, et à quel titre la majorité, *dans le privilége*, devrait-elle l'emporter sur la majorité *dans l'égalité?* Expliquons-nous. Sera-ce à titre de foi? Mais l'homme comme il faut, généralement, avoue n'aller à l'église que pour le bon exemple, et le paysan y va pour son propre compte (1). Sera-ce à titre d'instruction? alors vous mettriez l'instruction, qui est de l'homme, au-dessus de la foi, qui est un don de Dieu ; et oseriez-vous attribuer à l'instruction une plus juste appréciation du bien et du mal qu'à la foi, ou nieriez-vous que la foi soit plutôt l'apanage des simples? Nous le voulons bien encore ; mais de toute manière, l'homme qui souffre, entre celui qui sait compatir à ses maux, et le méchant qui s'en moque, ne se trompera pas; ou si vous voulez qu'il se trompe, il se trompe toujours! Alors niez le progrès, niez le mouvement, niez-vous vous-même qui n'osez plus user envers nous de lettres de cachet, ce que vous eussiez fait sans hésiter avant 89, à cause des

---

(1) Il est d'une insigne mauvaise foi d'accuser le pauvre qui va à la messe d'hypocrisie, quand depuis 18 siècles la parole du Sauveur a suffi pour le maintenir dans sa foi et dans sa résignation. L'indévotion chez le peuple n'a jamais exclu toute idée religieuse; il peut détester le prêtre, jamais il ne hait la religion; il blasphème dogme et mystères, et il prie sur les tombes et s'agenouille aux bénédictions, dans la pratique du mal! il renvoie du moins les passions à huitaine ; les vices des grands ne s'ajournent pas. Et pour dire un mot sur l'autre sexe, dans ce misérable état de choses, le mérite des femmes n'est plus qu'une évaluation de la beauté, leur droit le plus sacré, de se livrer au plus offrant. Les riches les possèdent toutes, parce qu'eux seuls peuvent les payer : les pauvres ont pour eux les êtres fés et les rebuts de la luxure.

vérités que nous vous démontrons avec une si énergique évidence.

Messieurs, en philosophie, si je prouve que l'intérêt personnel est le mobile de nos actions, par cela
même j'aurai prouvé l'abolition du sens électoral
comme de droit commun ; en religion, vous savez
qu'il est écrit : *Les justes brilleront, ils domineront
les nations, ils gouverneront les peuples, et leur Seigneur régnera eternellement;* après cela le Christ est
venu et a dit : *Je ne suis pas venu pour détruire la loi
et les prophètes, mais pour les accomplir;* et à l'endroit
des gouvernements, il a dit : *Les princes et les grands
dominent les nations et les gouvernent avec empire, il
n'en sera pas de même parmi vous ; mais que celui
qui voudra être le premier, soit le serviteur de tous.*

D'après ces paroles, qu'on me trouve un chrétien
qui puisse ne pas y voir l'abolition du sens électoral,
et je consens à reconnaître qu'il n'y a pas de logique
au monde, partant pas de vérité qui puisse être
démontrée.

Arrivons à l'imputation d'envieux et de corruptible dont le pauvre est accusé.

L'envie du pauvre pour la fortune du riche le fait
repousser de l'élection; il recevra de l'argent ou des
mauvais conseils qui le feront mal choisir, dites-
vous. De deux choses l'une : ou l'ambitieux qui se
sera emparé de son esprit agira pour son propre
compte, et alors il aura contre lui, et le prolétariat
que vous, les prudents, pousserez à se raviser, et
vous-même, ou il agira pour lui et pour vous, et
alors ceci regarde le pays non légal; dispensez-vous
de vouloir trop son bien-être, il vous suffit de savoir
que le pauvre ne peut pas payer l'ambitieux pour
vous tranquilliser sur ce point : et puisque vous le
croyez astucieux, il n'en sera pas dupe. Nous avons
démontré ailleurs par des chiffres le ridicule de

cette proposition ; outre l'impiété qui résulte de croire le monde livré à l'anarchie, disons qu'il y a défaut de sens à ne pas reconnaître que de deux forces antagonistes, la plus faible doit succomber ; en d'autres termes : l'absurdité est flagrante à supposer, que là où la majorité serait perverse, la société fût possible ; chez un peuple spirituel et capable comme le peuple français, 200 mille électeurs ne feraient pas la loi à la nation si la nation était perverse ; on ne peut donc entendre par homme pervers, méchant, astucieux, injuste, utopiste, etc., que le conservateur ou ce qui relève de lui, d'où il faut conclure nécessairement, qu'un conservateur qui se glorifie de ce titre, s'il est honnête, n'est qu'un homme qui se trompe. On a beau dire le suffrage universel c'est l'anarchie en permanence à cause des ambitions déchaînées ; celui qui ne se paie pas de mots, examine, et il voit que l'ambition dans l'homme des classes inférieures est une folie ou une nullité : une folie par rapport à son ignorance que son bon sens réprime ou Charenton ; une nullité, par rapport au besoin du pain de chaque jour, où son travail l'enchaîne ; il ne peut donc pas être question du pauvre dans cette prétendue anarchie ; si ce n'est pas l'ambition des pauvres, ce sera alors l'ambition des grands et des capacités, et celle-là est véritable. Voyons à présent ce qu'elle vaut et ce qu'elle peut ; ce qu'elle vaut est chose jugée, de tous les temps l'ambition ne valut jamais rien ; ce qu'elle peut, la raison des chiffres nous en fera justice.

Quand on pousse un conservateur à s'expliquer sur ce point, Monsieur, dit-il, savez-vous qu'il y a dans la société française au moins un ambitieux sur vingt ? Nous acceptons le chiffre, accordons-en même deux. Vous êtes donc dix honnêtes gens plus ou moins indifférents à la chose publique, qu'un

ambitieux dirigera, dominera, et contre vos intérêts, votre conscience s'emparera de votre
jugement, de votre volonté, soit ; mais où trouvera-
t-il ses moyens de corruption, ou si vous voulez
M. Guizot, *abus des influences*, sera-ce dans sa propre fortune, ou dans la vôtre ? S'il en était ainsi, qui
pourrait l'empêcher dès à présent de justifier vos
craintes ? Mais si l'ambitieux, au contraire, se trouve
avoir déjà affaire à dix contre un dans l'état actuel
des choses, que conclure de sa prétendue domination,
quand il s'attaquera à la nation entière et libre, et
quel avantage lui vaudrait les sommes incalculables
qu'il faudrait supposer à sa disposition, pour que dès lors
cette ambition n'en fût pas pleinement saturée ? nous
croyons inutile de répéter l'argumentation sur l'influence de pareils hommes dans le monde par la parole ou les journaux.

SOMMAIRE.

Enchérir sur les sophismes pour mieux les réfuter.
—République, droit commun, égalité évangélique,
leur signification. — Hosanna, crucifiez-le. —
Mission d'enseigner à ceux que Dieu a pourvus de
sagesse. — Il n'y a au fond de toute société que
deux formes de gouvernement. — Force intelligente et force matérielle, leur définition et leur
attribution.

Il n'y a pas de meilleure manière de réfuter un
sophisme que d'enchérir sur lui.

Mon honorable ami M. *** voulant prouver un jour
contre le suffrage universel ce qu'il appelle l'absurdité du nombre, m'adressa cette allocution devant
cinq ou six de nos amis communs, il disait : Je suis

plus large que vous dans mes opinions; je n'accepte, moi, en fait de société, que la société catholique; tout le reste, je le subis. Le progrès! faisons-le d'abord sur nous-mêmes, soyons charitables, aimons nos frères; quand nous serons ainsi transformés, quand nous serons tous de vrais chrétiens, alors proclamez la république si vous voulez; mais le nombre, la puissance du nombre, est une puissance aveugle, injuste; le nombre, c'est l'habileté, la fortune, Napoléon à lui tout seul valait une armée; tenez, j'ai connu à Croissy un homme de quelque esprit, mais mauvais chien, dur pour les pauvres, dominateur, despote et méchant, qui s'est fait nommer maire de ses concitoyens malgré eux; il y avait cent électeurs dans la commune et tous le haïssaient, mais le connaissant capable de tout, nul n'osait lui résister, l'un craignait l'incendie pour sa ferme, l'autre pour sa récolte non ramassée, un troisième un guet-apens, et ainsi de suite. Ajoutez, mon cher ami, lui dis-je, pour rendre votre démonstration plus complète, que cent autres hommes de la même commune, qui n'avaient pas de fermes qu'on pût brûler, ou de récoltes à perdre, arrivèrent aussi à leur tour en forme de procession devant le nouvel élu, et l'un d'entre eux déposant à ses pieds un faisceau de verges, prit la parole en ces termes: Reconnaissant, monsieur le maire, que nous ne saurions avoir le sens commun de trouver mauvais l'exemple qui nous est donné par l'élite de la commune, nous venons tous comme si nous avions droit de suffrage, déposer à vos pieds ces verges, et défaire nos pantalons devant vous, afin que sur notre chair taillable et corvéable à merci, vous veuillez bien nous faire l'honneur de nous traiter suivant votre bon plaisir.

On a ri beaucoup à cette sortie que la chaleur de

l'improvisation avait rendue pittoresque, et j'ai lieu de penser, malgré ces ris, qu'une ou deux personnes auraient bien pu modifier leur opinion sur le droit commun depuis cette discussion.

M. *** en acceptant la société catholique, devrait savoir que cette société accepte le spirituel et le temporel comme venant de même source, et qu'on ne peut accepter l'un et refuser l'autre à volonté, et se dire catholique.

M. ***, en second lieu, ne fait pas attention, bien que son désir soit très louable assurément, qu'améliorer les hommes d'abord pour mieux les gouverner ensuite c'est vouloir bâtir l'édifice social en commençant par le sommet: on ne peut améliorer qu'avec ce qui est meilleur, et en donnant à ce meilleur quelque chose de plus qu'une action à peu près négative; c'est une action négative, de dire au bon, préchez d'exemple, mon Dieu! le bon dit bien de tout son cœur, Seigneur que votre règne arrive! il visitera les malades et les pauvres, le plus souvent *parce que et quoique* pauvre lui-même; mais cela ne suffit pas si vous ne les mettez à même d'agir et de faire mieux. C'est encore une action négative de dire au mauvais, Transformez-vous de vous-même, quand vous ne lui faites pas connaître cette loi de transformation et que vous ne l'y poussez pas à entrer. C'est donc avec le meilleur de l'espèce et seulement avec lui, qu'il faut fonder les bases de l'édifice social et mettre main à l'œuvre le plus tôt possible.

La République, le droit commun, l'égalité évangélique, sont des expressions différentes d'une même chose. Nous avons assez disçuté avec M. *** depuis trois ans sur ce sujet, pour qu'il puisse ne pas confondre aujourd'hui ces formules appropriées au langage de la politique.

République cela s'entend du pouvoir et du droit dans tous les hommes, et non dans les choses ou dans quelques hommes seulement.

Droit commun, expression consacrée quand on parle dans le sens législatif.

Egalité évangélique, quand on parle dans le sens religieux ou catholique.

Napoléon, ici encore, M. *** confond à plaisir le principe de la majorité qui découle de la domination interdite selon l'Evangile, seul pouvoir qui ne puisse être envahissant puisqu'il est la justice même, avec la force brutale nécessaire sans doute pour dominer les passions en temps d'anarchie. La force brutale, quand elle s'allie au génie qui s'en rend maître, devient absolue comme l'anarchie dont elle relève, parce qu'il est de la nature de tout pouvoir de s'étendre et d'envahir jusqu'à sa chute infaillible et nécessaire, et l'acte additionnel a prouvé ce qu'étaient les sympathies de la nation pour le pouvoir absolu (le principe de la majorité est au contraire une force toute morale).

M. *** a dit encore que la preuve que le nombre était mauvais juge en matière de juste, c'est que la mort du Christ fut un résultat de la condamnation du peuple ; ici encore nous ferons remarquer à M. *** deux erreurs au lieu d'une, d'abord le peuple qui criait *hosanna* et que Jésus guérissait par ses miracles, est-il bien le même que celui qui criait *crucifiez-le ?* Pas le moins du monde ; le premier avait vu les miracles du Sauveur, le doigt de Dieu l'avait touché ; le second était égaré par les scribes, les pharisiens et les prêtres. En second lieu, ce qui devait être et ce qui commence à être ou sera, sont des faits prévus et analogues qui ne peuvent donner lieu à des propositions contradictoires ; à moins d'affirmer que les scribes et les pharisiens égareront toujours l'humanité, ce qui serait mettre cette pauvre humanité juste au niveau de la brute, si ce n'est au-dessous, et ce que personne n'acceptera pour elle.

M. ***, conservateur, constitutionnel, légitimiste, oligarchiste, tout ce que vous voudrez, mais pas le moins du monde christiste, passez-moi l'expression, infatigable dans ses objections, dit encore que dans les calamités publiques, on voit le peuple se livrer par ignorance à tous les actes de brutalité possibles. Qu'est-ce que cela fait au suffrage universel? Est-ce parce que le peuple aura choisi ses directeurs qu'il aura moins de confiance en eux? A Paris comme à Rome on a cru à l'empoisonnement des substances alimentaires dans les premiers cas de choléra morbus, à Paris comme à Rome il y a eu quelques meurtres à cette occasion; à Rome l'autorité elle-même a cru à l'empoisonnement des eaux; qu'en voulez-vous conclure? Quelques organisations perverses ne prouvent rien contre une classe -nombreuse qui est, doit être et doit vivre, et quelque vice qu'on y remarque la faute en est toujours à ceux qui ont la mission difficile d'enseigner, mission qui relève du pouvoir nécessairement; et à qui appartient-il d'enseigner? Pour nous disciples de Christ, et M. *** sait comme moi qu'il est écrit: *Bienheureux les pauvres d'esprit, car le royaume de Dieu est à eux;* comment ce royaume serait-il à eux, s'ils n'avaient pas le pouvoir de le mettre en pratique par l'enseignement, et comment Dieu aurait-il choisi les pauvres d'esprit pour changer et transformer le vieux monde, si le vieux monde avait pu être changé et transformé, c'est-à-dire enseigné par les savants et les privilégiés?

En fait de gouvernement, il n'y a au fond de toutes les sociétés que deux formes possibles, la liberté d'une part ou le privilége plus ou moins absolu de l'autre.

M. *** a fait son droit, a passé des examens brillants, déploie beaucoup de zèle pour le bien public, d'où il faut conclure que le moyen d'éclaircir une question en matière de juste n'est pas de s'adresser aux esprits délicats, polis et distingués par l'instruction et l'habitude de la controverse, aux hommes élevés dans l'aisance et la grandeur : mais au contraire et par-dessus tout consulter les masses ignorantes et grossières qui n'ont pour se conduire que leur grossier bon sens, la foi qui leur vient en aide, et ce sentiment du juste et de l'injuste, pur encore de toute alliance avec l'instruction et l'éducation du monde qui le gâte.

Ne demandez point au pouvoir actuel de se forger des armes contre lui, il ne peut vous donner de véritable liberté d'enseignement, il lui faut l'emploi de la force, et voici ce que nous disons de la force et ce qu'il faut y distinguer :

S'il s'agit de la force physique en elle-même, elle résulte du nombre ; s'il s'agit de la force intelligente qui gouverne le nombre, elle est dans la minorité ; mais elle ne gouverne selon la justice qu'autant qu'elle relève du nombre ou de la majorité ; or, l'enseignement moral fut donné aux petits, aux pauvres, fut donné au nombre, *le témoignagne du Seigneur est fidèle, il donne la sagesse aux petits* (dit le Psalmiste), et nous le voyons tous les jours, le sens commun balaie les extravagances du sens privé : selon les enseignements du Christ, tout ce qui n'est pas uni est destiné à périr; eh bien! l'égalité des droits politiques unit tous les citoyens, quelle crainte en avez-vous? puissants de la terre, je ne dirai pas Dieu vous a faits riches; mais pour parler plus exactement, je vous dirai : Vous étant faits riches contre la volonté de Dieu, craindriez-vous une amélioration qui diminue à l'avenir sur la tête de vos neveux la progression toujours croissante des biens cumulés par privilége et monopole? ce ne serait que justice. Réfléchissez-y et choisissez, la paix de Dieu, la paix du monde n'est qu'à ce prix.

SOMMAIRE.

Argument ontologique et psychologique à la fois en preuve de l'existence de Dieu.—Aux conservateurs, sur la question du sentiment du juste et de l'injuste donné à tous.—Ce qu'ils disent, ce qui est.

« L'homme a l'idée de l'infini ; cette idée ne peut
« lui venir ni des sens, ni par abstraction, ni de
« lui-même puisqu'il est un être fini. Comme fait,
« elle doit avoir sa cause ; sa cause n'est point en
« nous, donc elle existe hors de nous et au-dessus
« de tous les êtres finis ; donc il y a un être infini
« qui produit en nous l'idée de l'infini ; donc Dieu
« existe, et il est en rapport avec nous, puisque son
• idée est en nous. »

Aux Conservateurs.

Pensez-vous que vous avez le sentiment du juste et de l'injuste, le discernement du bien et du mal, que vous entendez mieux vos intérêts qu'autrui ? Si vous ne pensez pas avoir ce sentiment, ce discernement, abstenez-vous ; car vous ne pouvez juger les autres ne pouvant juger de vous-même ; si au contraire vous croyez qu'il vous soit donné de discerner le bien du mal , le juste de l'injuste, comment expliquez-vous qu'il n'en soit pas donné autant à tout homme qui n'est pas idiot, à Charenton ou au bagne? ferez-vous du sentiment du juste et de l'injuste, du discernement du bien et du mal, l'apanage exclusif de l'instruction, de la conquête, du fait accompli, et relever de ces choses l'intérêt général? Halte là! ceci est pour nous la négation de toute philosophie. L'ordre que révèle nos regards en ouvrant les yeux à la lumière exclut ce fatalisme, et nous ne concevons pas le libre arbitre sans un point de relation nécessaire dans la conscience humaine, en harmonie avec cet ordre. Si Dieu avait pu créer l'homme sans conscience, c'est-à-dire sans distinction du bien et du mal (indépendamment de l'instruction dont il s'agit), Dieu ne serait pas Dieu; (1) car nous n'aurions aucun moyen de nous conduire selon sa justice, et cette justice cependant nous commande d'aimer comme nous-mêmes des frères qui se disent chrétiens comme nous, et qui pensent tout diversement que nous; qui conciliera, Seigneur, cette immense contradiction?

Ils disent: plus un homme est pauvre, plus il est facile à acquérir au privilége, et nous disons, nous, plus un homme est pauvre, plus il est facile à acquérir au droit commun.

Ils disent: tantôt que l'homme du peuple est simple, tantôt que l'homme du peuple est astucieux, et nous disons nous: l'homme du peuple est simple, son astuce ou son ambition ne sont d'aucun danger pour l'état, l'ambition du privilégié seule est dangereuse.

Ils disent: plus un état emprunte, plus il s'affermit et prospère, et nous disons, nous: plus il court à la

---

(1.) Quand nous disons que Dieu n'a pu créer l'homme sans conscience, c'est que nous le considérons, remarquons-le bien, au point de vue de sa bonté infinie d'abord, sans nuire à sa puissance ni à sa justice également infinie.

banqueroute et prélude aux révolutions (celui qui donne son capital au pouvoir en échange d'une rente, celui-là double la force oppressive de ce pouvoir. C'est de l'habileté pour le privilégié dont ce pouvoir relève ; mais c'est bêtise pour le prolétaire qui se lie les bras au profit du despotisme, de ce despotisme dont quelquefois même il est obligé de se faire par là le seïde contre sa propre cause.)

Ils disent : plus le luxe des riches est grand, plus l'état est florissant, et nous disons, nous : plus le luxe fait des progrès dans une nation, plus cette nation se corrompt et tourne à l'anarchie : on ne peut glorifier le luxe sans glorifier aussi l'ambition qui en est la source; il ressort de cette doctrine que le droit de vivre pour le prolétaire n'est plus qu'une tolérance moyennant certaines conditions dont le privilégié seul s'est réservé de poser les bases; par exemple, nous reconnaissons en théorie qu'il faut à chacun le toit, la nourriture, le vêtement. Eh bien! quel est le malheureux qui voulant dresser sa tente quelque part, ne trouve un individu qui viendra lui dire : ceci est à moi, allez ailleurs, ou bien, dressez votre tente, voici mes conditions : à vous toujours le travail et la sueur, à moi toujours aussi le profit et la jouissance; je trouve bon que mon luxe grandisse, je fais valoir vos bras pour vous donner du pain, trouvez bon aussi et soyez heureux dans votre infortune de rencontrer mon opulence ; car sans moi vous mourriez de faim.

Ils disent : plus le pouvoir est absolu, plus le peuple a de liberté, et nous disons, nous : plus le pouvoir est absolu, plus la force brutale a ses franches coudées. L'opprobre avilit l'âme et flétrit le courage d'une nation gouvernée despotiquement.

Ils disent : plus la peine de mort est fréquemment appliquée, plus le crime va s'effaçant dans une nation, et nous disons, nous : quand la peine de mort est en vigueur dans un pays, rien ne retient plus le coupable devant l'inflexibilité de la loi, et il tue par nécessité d'échapper à la mort. (No.s aurons à revenir sur ce sujet.)

Ils disent : plus le temps avance, plus l'homme qui possède du superflu s'appauvrit. Nous disons, nous : celui qui a du superflu double ou triple ce superflu à toutes les générations où il peut le faire, ce qui ne peut avoir lieu qu'aux dépens de celui qui n'a que le nécessaire.

Ils disent: moins il y a d'électeurs, plus il y a de justice, nous disons nous: moins il y a d'électeurs plus leur part des avantages au budget est grande au préjudice de ceux qui ne le sont pas.

Ils disent : le despotisme du nombre, et nous disons: la justice du nombre.

Ils disent: la partie a droit de commander au tout, nous disons: oui, mais lorsqu'elle relève du tout.

Ils disent : le suffrage universel, c'est le moyen d'étendre la corruption à tous les degrés de l'échelle sociale, et nous disons, nous : le suffrage universel, c'est le moyen de rendre désormais impossible la corruption à tous les degrés de l'échelle sociale.

Jamais, Seigneur, nous n'aurions pu sortir de cet antagonisme, sans cette parole de votre propre bouche : *Qu'il est plus facile à un chameau de passer par le trou d'une aiguille qu'à un riche d'entrer dans le royaume de Dieu.* (1)

---

(1) Un chameau, chez les Hébreux, signifiait une grosse corde.

SOMMAIRE.

Le témoignagne du Seigneur est fidèle, il donne la sagesse aux petits.—Le prêtre doit répondre aux questions qui regardent la loi. — Le royaume de Dieu est de ce monde. — Il ne faut pas mettre la lampe sous le boisseau.—Jésus est venu accomplir la loi. — Que votre règne arrive. — Mystères. — Omission volontaire du *Nunc*, contradiction qui en résulte.—Le pharisianisme consacre le paupérisme, l'esprit évangélique le détruit.—Traduction inexacte et coupable du présent par le futur dans ces paroles du Sauveur : *Nam semper pauperes habetis vobiscum : me autem non semper habetis.*—Domination interdite, que celui qui gouverne soit comme celui qui sert. — Rendez à César ce qui appartient à César, et à Dieu ce qui est à Dieu.—Quiconque tirera l'épée périra par l'épée. — Prudence du serpent, douceur de la colombe. —Le consolateur. — La foi. — Prescience de Dieu. — Anges et démons. — Se moquer n'est pas répondre.—Voltaire.—Bien et mal.—Egoïsme.—L'homme de bien. — L'oppression du domaine exclusif du privilége, preuve concluante.—L'Eglise relève des papes, les papes des peuples, les uns et les autres de l'Evangile.—Droit commun, terre promise de l'humanité.

Si la philosophie réduit le conservateur au silence par le raisonnement, que sera-ce de la force matérielle en droit naturel par l'action, s'enquerra-t-il alors du royaume de Dieu? En ce cas, aux pauvres d'esprit, aux petits et aux simples le devoir d'enseigner ce royaume selon ces paroles du Psalmiste: *Le témoignage du Seigneur est fidèle, il donne la sagesse aux petits.*

L'Ancien Testament est en quelque sorte une répétition continue d'avoir foi en Dieu, de ne s'occuper, dans les petites comme dans les grandes entreprises. que de sa justice, de ne point quitter ses sentiers : *Que ce n'est pas par le nombre des combattants que l'on gagne des batailles ; mais en recherchant la loi du Seigneur pour la mettre en pratique* (exemple qui confondra devant Dieu ceux d'entre les ministres de la loi nouvelle qui négligent l'étude des saintes Ecritures, et qui laissent croupir les peuples dans l'ignorance pour ne s'être pas rendus capables de leur enseigner les préceptes et les ordonnances du Seigneur).

Celui qui est honoré du sacerdoce, dit saint Jérôme, *doit savoir la loi, et s'il ne connaît pas la loi, il se montre indigne du sacerdoce dont il est honoré, car il est du devoir d'un prêtre de savoir la loi, et de répondre aux questions qui regardent la loi.*

Le prophète Malachie dit à peu près la même chose : *les lèvres du prêtre seront dépositaires de la science, et c'est de sa bouche que l'on recherchera la connaissance de la loi, parce qu'il est l'ange du Dieu des armées.*

Isaïe prophétisant du Christ. dit ces paroles qui sont le fondement de la foi du chrétien : *Voici mon serviteur, mon élu ; je répandrai mon esprit sur lui ; il annoncera la justice aux nations, et les nations attendent sa loi.*

« On distingue quatre sortes de sens que l'on peut donner à l'Ecriture, et qui sont aussi très-connus. Premièrement, *le sens littéral,* celui qui présente la lettre du texte : secondement, *le sens allégorique* ou *figuré ;* celui qui est caché sous les termes de la lettre (tout ce qui est rapporté des deux mariages d'Abraham est une allégorie, dit saint Paul ; ces deux femmes sont les deux alliances que Dieu a contractées avec les hommes). Le troisième sens est celui que l'on appelle *moral*. Le quatrième, est *le sens mystique* qui nous élève aux choses mystérieuses et célestes. Il y a encore *le sens prophétique*, comme dans le psaume 11. L'Etre suprème m'a dit : Vous êtes mon fils, je vous ai engendré de mon propre sein dans l'éternité, du sein de la Vierge votre mère dans la plénitude des temps, du sein du tombeau au jour de votre résurrection. Vous êtes mon fils unique, demandez-moi et je vous donnerai les nations pour héritage. *La parabole* est un discours dont le premier sens n'est qu'un voile, et dont le second sens est le sens principal.

L'esprit général des évangiles est la réalisation de tout ce qui est bon, juste et désirable pour le bonheur de l'humanité, c'est de plus la parole de Dieu. Dieu appelle l'ensemble de ces préceptes, de ses commandements, son royaume, et l'établissement, la pratique de son royaume, le règne de Dieu.

Saint Luc, ch. xvii, v. 20. Des Pharisiens lui demandaient un jour quand viendrait le royaume de Dieu, il leur répondit : Le royaume de Dieu ne viendra point avec un éclat qui le fasse remarquer, et on ne dira point, il est ici ou il est là, *car dès à présent le royaume de Dieu est au-dedans de vous* (intra vos est); ailleurs, *je vous le dis en vérité personne ne quittera pour le royaume de Dieu, ou sa maison, ou son père et sa mère, ou ses frères, ou sa femme, ou ses enfants* QUI NE REÇOIVE DÈS CE MONDE BEAUCOUP D'AVANTAGE, ET DANS LE SIÈCLE A VENIR LA VIE ETERNELLE.

Son royaume est donc essentiellement de ce monde, il est la liaison des deux mondes, l'échelle de Jacob, si je puis ainsi m'exprimer ; remarquons encore que les écrivains sacrés ne se sont point entendus pour nous tromper, c'est ce que tout esprit droit sera forcé de reconnaître.

Saint Luc, v. 16. *Il n'y a personne qui après avo'r allumé une lampe la couvre d'un vase ou la mette sous un lit; mais on la met snr le chandelier afin que ceux qui entrent soient éclairés.*

En voilà tout autant qu'il en faut pour justifier et faire apprécier à sa juste valeur l'épithète de démagogue qu'on nous donne, et fermer la bouche à ces accusations ironiques de précepteurs du genre humain, dans le but positif, mais non avoué, d'imposer silence à nos convictions.

La Bible reçue comme l'histoire véritable du monde et le Messie accepté, Jésus n'est pas venu comme il le dit lui-même pour changer la loi et les prophètes; mais pour les accomplir, qu'est-ce donc que cet accomplissement, si ce n'est une révélation sociale, quelque chose de mieux et de nécessairement nouveau, que les hommes de bonne volonté admettent, car il est dit d'eux : *Je connais mes brebis, et mes brebis me connaissent,* et que les autres repoussent en vertu de leur libre arbitre, et dont il est dit de ces autres : *La lumière luit dans les ténèbres, et les ténèbres ne l'ont point comprise.*

Dieu ne veut pas la mort du pécheur, mais sa conversion. Il nous prêche la charité, et pour nous ouvrir l'intelligence quand nous avons bonne volonté, il nous a laissé une prière où cette charité se trouve efficacement renfermée toute entière dans trois paroles qu'il nous a fait un devoir de répéter tous les jours, c'est-à-dire toutes les fois que nous voulons prier; elle porte le titre d'Oraison dominicale : *Que votre règne arrive.* Tel est le fond de cette prière renfermée dans l'intelligence de ces trois mots : *adveniat regnum tuum.*

Si le philosophe, si l'homme qui pense, pouvait un

moment abandonner les spéculations de son esprit, et se prendre à considérer abstractivement le sens significatif de ces paroles : *Que votre règne arrive*, il serait converti, *adveniat regnum tuum* d'une part, *quicumque voluerit inter vos major fuit sit vester minister* de l'autre. Voilà positivement la loi et les prophètes, ou, ce qui est la même chose, la réalisation du précepte, aimer le prochain comme soi-même. La clef de voûte qui est l'Eglise, l'acceptation des mystères, celui du sacrement de l'Eucharistie en particulier qui en est la porte, n'auraient plus rien ensuite qui pût scandaliser l'homme dont il s'agit pour entrer dans ce royaume de Dieu qu'il méconnaît et qu'il repousse, faute de le comprendre.

Un esprit fort nous dira : Pourquoi des mystères ? Nous répondrons : Pour dompter la raison humaine qui n'est point l'intelligence absolue, et dont l'orgueil sans la foi demeure éternellement le domaine de l'erreur.

Ceci dit : sans entrer dans toutes les citations à faux que le conservateur fait des Evangiles, nous allons tâcher d'éclaircir seulement trois ou quatre de ces citations, ce qui nous donnera la mesure des autres.

D'abord celle-ci : Que *le royaume de Dieu n'est pas de ce monde*, fondée sur la réponse de Jésus à Pilate : *Mon royaume n'est pas* MAINTENANT *d'ici*. L'omission de maintenant *nunc*, jointe aux deux passages de saint Luc, que nous avons cités plus haut, suffiront pour les personnes de bonne foi nous en sommes certains, à cette première réfutation.

Une seconde citation plus controversée que la première, est le passage des parfums répandus par Marie Madeleine sur les pieds de Jésus, qui firent murmurer le pharisien Judas, et fournirent cette belle réponse du Christ : *Vous avez toujours des pauvres parmi vous ; mais pour moi vous ne m'avez pas toujours.* On a confondu le pharisianisme avec l'esprit chrétien, le pharisianisme qui consacre le paupérisme par l'esprit de domination avec l'esprit évangélique qui le détruit par la condamnation de cette condamnation. *Vous avez toujours des pauvres parmi vous*, il est incontestable que ceci concerne l'indigence forcée, la pauvreté qui résulte du monde qui n'a pas encore la foi, du monde livré à l'esprit mauvais, du royaume du monde comme le qualifie Jésus.

Dieu savait bien qu'une société chrétienne ne pouvait avoir de ces pauvres-là dans son sein, et quand il conseille au riche qui voulait être sans reproche la pauvreté de gré, il avait déjà dit : *Cherchez d'abord le royaume de Dieu et sa justice, et tout le reste vous sera donné par surcroît.* Si dans le royaume de Dieu tout nous est donné par surcroît, il n'y a pas de pauvres nécessiteux. Ainsi *vous avez toujours des pauvres parmi vous*, littéralement cela veut dire : Il y aura toujours des pauvres dans la société pharisienne ou parmi les pharisiens, et la seconde partie du discours : *Mais pour moi vous ne m'avez pas toujours*, littéralement aussi cela veut dire : Je puis être ailleurs au moment où de ces pauvres nécessiteux peuvent venir chercher du secours auprès de vous. Les apôtres qui étaient hommes de bonne volonté ne pouvaient s'y méprendre, et c'était si clair pour eux qu'ils ne demandèrent pas d'explication, selon l'habitude qu'ils en avaient quand ils ne comprenaient pas.

En second lieu, Dieu approuve Madeleine dont l'action venait d'exciter des murmures, donc le murmure, à qui il est répondu, *vous avez toujours des pauvres parmi vous*, est le murmure pharisien de Judas ; les autres apôtres ne pouvant qu'approuver ce que leur maître approuvait, et leur murmure, s'il y en eu de leur part, ne pouvait être qu'un murmure approbateur.

Cependant on a prétendu que la réponse du Sauveur s'adressait à tous les apôtres, et on a traduit le présent *vous avez*, par le futur *vous aurez*. S'il en était ainsi, ces paroles *vous aurez toujours des pauvres parmi vous*, consacreraient le paupérisme dans la société chrétienne et catholique, et la société chrétienne et catholique en progrès sur la juive, est instituée pour le faire cesser, puisque le mosaïsme le secourait déjà (première contradiction). En second lieu, le chrétien a pour garant de l'universalité de sa doctrine, ces autres paroles du Sauveur : *Il n'y aura plus qu'un pasteur et qu'un seul troupeau* (Deuxième contradiction), et celle-ci c'est l'homme qui l'attribue à Dieu, en faisant parler Dieu au futur, quand il a parlé au présent.

Il reste à rechercher si dans le corps entier des évangiles, il y a quelque chose en faveur de la conservation du paupérisme, cette plaie de l'humanité ; mais tellement les quatre évangiles n'offrent rien de semblable, que nos adversaires n'ont pas trouvé mieux que ce passage des parfums de Madeleine répandus sur Jésus, passage qui les confond en établissant précisément tout le contraire de leur prétention.

SELON SAINT MATHIEU.

Ce que ses Disciples voyant, ils furent choqués et dirent : Pourquoi cette perte ? car on aurait pu vendre ce parfum bien cher, et en donner l'argent aux pauvres : Mais Jésus sachant ce qu'ils disaient, leur dit : Pourquoi faites-vous de la peine à cette femme ? ce qu'elle vient de faire pour moi est une bonne œuvre, et lorsqu'elle a répandu ce parfum sur mon corps, elle l'a fait pour m'ensevelir, pour me rendre pendant la vie un honneur qu'elle ne pourra me rendre après ma mort. Jésus ajoute : *Que partout où cet évangile sera prêché on honorera, on rendra gloire à la mémoire de cette femme.*

Remarque. — De ce que les disciples sont choqués, il ne s'en suit pas qu'étant repris par Jésus, les bons (en les supposant inattentifs en ce moment-là) ne rentrent immédiatement en eux-mêmes, et n'approuvent Jésus. (N'oublions pas qu'ils étaient ces hommes nouveaux, propagateurs du royaume de Dieu et de sa justice, à qui toutes choses sont données par surcroît, et par conséquent ils n'ont pas et ne peuvent avoir parmi eux de ces nécessiteux en question.)

Cette version, comme on le voit, plus étendue, n'infirme en rien la précédente, *non semper pauperes habetis vobiscum : me autem non semper habetis.* Dans cette seconde partie, le Missel romain lit au futur *habebitis,* et dans le texte de ce même Évangéliste, v. 46 et v. 11, le même verbe étant au présent dans le grec, est rendu par le futur dans la Vulgate. Le Missel romain et la Vulgate auraient eu raison dans l'hypothèse que le Christ avait voulu spécialement faire allusion à sa mort ; cette variante, d'ailleurs, ne ferait rien quant au fond et à l'esprit de l'enseignement dont Madeleine est l'occasion. Suivant l'opinion de saint Augustin, à l'exception de saint Mathieu, tous les Évangélistes ont écrit en grec : le grec, à cette époque, se parlait à Rome comme le latin ; beaucoup prétendent que saint Marc a écrit en l'une et l'autre langue le même évangile. — Voyons saint Marc.

SELON SAINT MARC.

Mais quelques-uns en conçurent de l'indignation, et disaient en eux-mêmes : A quoi bon perdre ainsi ce parfum ? car on pourrait le vendre plus de 300 deniers et le donner aux pauvres, et ils murmuraient fort contre elle (qui est celui qui peut voir dans ces mots : *Quelques-uns murmuraient fort contre elle*, autre chose que Judas et ses acolytes ?) *Mais Jésus leur dit : Laissez-la faire, pourquoi lui causez-vous de la peine ? elle vient de faire à mon égard une bonne œuvre.* SEMPER ENIM PAUPERES HABETIS VOBIS-CUM, ET CUM VOLUERITIS POTESTIS ILLIS BENEFACERE : ME AUTEM NON SEMPER HABETIS.

Ce qui importe donc, c'est que le Sauveur ait employé le présent, qui est précisément ce qu'il fallait dire, *et vous avez toujours* implique ceci ; mais à telle condition vous pouvez ne plus avoir aux conditions de la domination interdite par exemple (et à ce sujet, v. 17 et 18, ch. XIII selon saint Jean. Jésus dit à ses disciples : *Si vous savez ces choses, vous êtes heureux, pourvu que vous les pratiquiez, je ne dis pas ceci de vous tous* (faisant allusion aux Pharisiens et particulièrement à Judas), et il ajoute, *je vous le dis d'avance, afin que lorsque cela arrivera, vous croyez ce que je suis* (c'est-à-dire que je suis Dieu, et que vous devez vous conformer à ma volonté). Jésus, avant de quitter ses apôtres et ses disciples, leur commande encore de s'aimer les uns les autres, *souvenez-vous de la parole que je vous ai dite*, leur dit-il : *le serviteur n'est pas plus grand que le maître, etc.* Ce dévouement du Christ qui lave les pieds à ses apôtres, lui, le maître, qui se fait serviteur en élevant par-là le commandement à la dignité de service public, est encore une chose incomprise par le conservateur ; il ne veut pas que l'autorité relève du serviteur, parce qu'il abuse ou veut abuser du commandement.

Nous voici arrivé à la troisième difficulté, et en vérité nous trouvons les paroles de l'Evangile si claires, que nous serions très-embarrassés si, à la place de nos controversistes, il fallait trouver dans ce passage la moindre trace d'obscurité.

Selon S. Luc : *Que celui qui gouverne soit comme celui qui sert*, voilà l'égalité.

Selon S. Mathieu : *Vous savez que les princes des nations dominent sur elles, et que ceux qui sont plus puissants parmi eux les traitent avec empire; il n'en sera pas de même parmi vous; mais que celui qui voudrait être le plus grand entre vous soit votre serviteur.* Si le premier est le serviteur des autres il ne peut s'imposer à ces autres que de leur consentement; dès-lors il est soumis à leur contrôle et d'eux seuls dérive l'autorité. Pour tous ceux qui reconnaissent Dieu pour infaillible, comment appeler cela en langage du jour, si ce n'est le suffrage universel imposé au règne du monde pour devenir règne de Dieu?

On a dit : Le suffrage universel est une révolte contre César. Quatrième citation tout aussi peu réfléchie que les autres. *Rendez à César ce qui est à César et à Dieu ce qui est à Dieu;* Jésus donnant l'exemple de l'obéissance à César en payant le tribut n'engageait pas l'avenir chrétien aux lois païennes; on doit obéissance à César tant que César n'accepte pas le règne de Dieu; mais du moment où César est chrétien, la loi de Dieu doit être respectée et seule respectée, et c'est ainsi que l'on rend à César ce qui est à César et à Dieu ce qui est à Dieu.

Une cinquième et dernière citation, elle est des partisans de la peine de mort et pour la défense de César, la voici : *Tous ceux qui se serviront de l'épée périront par l'épée.* Pourquoi ne fait-on pas l'application de ces paroles aux Césars oppresseurs? oublie-t-on que Jésus-Christ lui-même a donné l'exemple de l'emploi de la force en chassant les marchands du Temple? oublie-t-on la parabole du souper du père de famille? oublie-t-on qu'aujourd'hui la loi de Dieu a un pouvoir temporel pour se défendre, et que dans la personne de son vicaire, Jésus-Christ peut dire: Mon règne est maintenant de ce monde, car voici mes gens qui combattent pour moi.

Observons que les évangiles ne commandent pas une obéissance passive quand même ; et le Christ voulant nous porter ar pardon des injures, à la mansuétude, nous dit : *Ne demandez point votre bien à qui vous l'emporte; si on vous prend votre habit, donnez encore votre veste, tendez une joue à qui vous aura frappé sur l'autre;* mais il ajoute pour donner à ses paroles leur véritable valeur : *et ce que vous voulez que les hommes fassent pour vous, faites-le pareillement pour eux, ne soyez pas plus sage qu'il n'est nécessaire, de peur que vous n'en deveniez stupide,* dit l'Ecclésiaste.

Toutes les histoires, en général, sont amoindries et rapetissées aux proportions d'une affaire de famille, il n'y a que l'histoire du peuple de Dieu où l'humanité soit comptée pour quelque chose. (1)

Il ne faut pas s'étonner de là qu'il y ait tant d'opinions diverses dans le monde, et tant de querelles ; comment une discussion pourrait-elle se soutenir long-temps sans toucher à la morale, sans entrer dans le sérieux de la méthaphysique? le fini est sondé à l'infini ; pour l'homme de foi, sa règle est tracée exactement, il est écrit : *Soyez*

___

(1) La version grecque des septante et la version latine de S. Gérome qui est notre Vulgate, c'est là ou il faut méditer nos destinées, ne pouvant remonter aux originaux mêmes, S. Paul dans le parallèle qu'il fait entre Melchisedech et Jésus-Christ dont Melchisedech était la figure, observe que le nom de Melchisedech signifie roi de justice, composé de deux mots hébreux, il remarque de plus que ce prêtre du dieu très-haut est appelé roi de Salem et que cela même signifie roi de paix, parce qu'en hébreu Salem, qui est le nom de la ville dont Melchisedech était roi, dérive de שׁלוֹם, qui signifie la paix.

prudent comme le serpent et doux comme la colombe;
or de là, il n'y a qu'une chose à dire, vous interprétez mal si l'on sait démontrer le pourquoi, ou se taire; démontrer l'erreur, l'évangile en fait un devoir *et l'esprit souffle où il veut.*

Quant à nous, pour ce qui est du surnaturel de l'infini il nous paraît impossible que Jésus-Christ eût pu remplir sa mission sans les miracles, d'autre part quand nous assistons aux phénomènes du magnétisme dont tant de monde nie les effets malgré le témoignage de leurs yeux, nous ne sommes plus étonné que la doctrine de Jésus, si pure et si miraculeusement bien appropriée à nos misères humaines, ne soit pas encore généralement reçue depuis dix-huit siècles.

O vous tous, frères et concitoyens, qui lirez ces pages, ne doutez point du royaume de Dieu ici bas; bien que la prescience du Très Haut vous laisse libre, ne soyez pas de ceux dont il est dit par la voix du prophète: *Il a endurci leur cœur de peur qu'ils ne voient et qu'ils ne viennent à se convertir, et que je ne les guérisse.* Ailleurs: *Demandez et il vous sera donné; cherchez et vous trouverez; frappez et l'on vous ouvrira,* croyez au consolateur, à l'esprit promis. Habitués à la succession de la durée, il nous est difficile de comprendre la justice de Dieu et de la concilier avec sa bonté et sa prescience, en considérant la faveur qui semble souvent résulter pour les uns et non pour les autres, par rapport aux différentes catégories où chacun se trouve placé : ceci vient de ce que nous jugeons avec des idées de passé, de présent et d'avenir, tandis que Dieu n'a ni passé ni futur; l'éternité lui étant toujours présente, il voit tout à la fois et toujours.

Dieu fait tout ce qu'il doit à notre égard dans les limites de notre liberté et dans l'étendue de son amour pour nous; nous ne sommes que par

un acte de sa bonté, et chaque fidèle peut être juge
de cette vérité en considérant l'aveuglement d'esprit
de l'homme de mauvaise volonté. En matière de foi,
par exemple qui pourra l'éclairer? Les Ecritures! il
les rejette ou les fausse; la raison. ou se trouve
son appui? il y a autant de systèmes que de raisons
individuelles; l'anarchie produirait-elle l'unité? qui
a jamais rien vu de semblable sous le soleil? Or la
foi étant nécessaire pour justifier la grandeur de
Dieu, nous sommes tous capables de foi, et quand
vous dites : que puis-je sur ma destinée, Dieu en a
décidé de toute éternité! oui, Dieu vous voit et vous
pouvez l'en croire, et vous faites un raisonnement
faux qui implique contradiction en lui, raisonnement
que vous pouvez vérifier par voie de conséquences,
et qui prouve votre liberté en dépit de vous-même
en même temps que la bonté et la justice de Dieu :
en un mot, l'auteur de toute chose connaît toute
chose à tous les moments de la durée, parceque la
durée lui est éternellement présente.

Quant à ceux que certaines idées incomprises, que
les obsessions d'anges ou de démons, par exemple,
pourraient arrêter, nous leur dirons : que la sagesse
de Dieu, infinie comme son amour, comme sa
bonté, devait par son verbe se mêler à la sagesse
linie de l'homme et à ses croyances pour agir sur
lui; l'homme ne devient intelligent que par la parole
de Dieu; le peuple juif avait ses croyances comme
tout peuple, comme tout individu a la sienne. L'âge
du monde n'est pas arrivé encore à son unité de
croyance promise par le verbe divin, et le verbe
divin a dit en quittant ce monde à ses apôtres: Je ne
vous dis pas tout, d'où il résulte que la vérité
relative aux yeux de plusieurs! et cependant succes-
sive sans cesser d'être une et absolue, et voilà pour
quoi il faut prêter l'oreille, placer la lampe sur le

chandelier, c'est-à-dire donner toute latitude à la liberté de la presse, à la liberté d'enseignement, et laisser le fidèle, laisser chacun distinguer dans sa conscience la lumière de l'obscurité, la lampe de l'éteignoir.

Un esprit léger est porté à rire de tout, mais se moquer n'est pas répondre; (1) soyons donc des hommes sérieux.

Nous avons dit en commençant qu'il fallait faire arriver les hommes de bien à la direction des affaires du pays, d'une manière pacifique, positive et régulière, ce sera aussi notre conclusion.

On nous a contesté (mais sans succès et cela devait être) que dans le monde le bien l'emporta sur le mal; on ne nous contestera pas, et nous en portons en toute assurance le défi qu'il y a dans toute société au moins un homme de bien sur quinze ou vingt mille (nous voulons parler ici non seulement des hommes qui offrent les garanties de morale et de religion, mais encore de science, de capacité, d'énergie, tels enfin qu'on pourrait les désirer pour faire de bons députés); nous avons prouvé ailleurs que l'ignorant, le travailleur, les nécessiteux avaient de la foi et devaient à cette foi leur bonne conduite, ce qui en fait toujours de bons électeurs, mais seulement de bons électeurs.

On a compris, et nous en sommes convaincu, que l'intérêt personnel que nous avons établi comme étant le mobile de nos actions avait deux phases, une phase de dévouement en relation avec le petit nombre

---

(1) On sait que Voltaire, le plus célèbre d'entre les moqueurs au sujet de ce qu'il appelait par bouffonnerie et une dérision sacrilége le déjeuner d'Ézechiel, dans les transports de rage qui ont précédé sa mort, a fait lui-même ce qu'il avait imputé au prophète par une insigne mauvaise foi.

d'hommes sincèrement religieux, et une phase d'intérêt matériel correspondant à toutes les mauvaises passions de lucre, d'ambition et de jouissance qui gouvernent la plupart des hommes. Eh bien ! nous croyons de toute la force de nos convictions qu'il est contre nature que le privilége, en ce qui touche cette seconde phase, choisisse jamais l'homme de bien pour député, attendu que, d'une part, on ne peut être homme de bien sans être partisan ou sans vouloir le droit commun, lequel droit commun est antipathique au privilége et l'anéantit ; et d'autre part, par la même raison nous croyons aussi qu'il est contre nature que le droit commun ou l'intérêt général puisse jamais ne pas choisir, ne pas rechercher l'homme de ses sympathies, c'est-à-dire l'homme de bien dont nous parlons, et cela parcequ'en matière d'autorité, là où il y a privilége il y a nécessairement oppression (condition absolue du privilége), et là où il y a oppression il y a nécessairement soif de justice à cause de cette oppression même ; à qui dira : mais n'y a-t-il pas à craindre que le droit commun ne devienne à son tour privilége et oppression ? nous pourrions nous dispenser de répondre, attendu que le droit commun c'est la justice s'appréciant dans son action. et là où la justice s'apprécie l'autorité ne peut volontairement faillir ; en d'autres termes, ayant prouvé que l'intérêt personnel était le mobile de toutes nos actions, il résulte pour chacun dans sa pensée avouable que s'il donnait sa voix à un égoïste (homme habile, méchant, ambitieux, dont personne ne veut, excepté les privilégiés, excepté ceux qui résument en eux l'ambition, l'égoïsme, l'habileté, toutes choses mauvaises), par cela même il céderait sa portion d'autorité, ce qui serait contradictoire avec son intérêt personnnel qu'à moins d'absence complète de sens commun nous sommes forcés de reconnaître comme mobile de nos actions. Si donc l'intérêt personnel de tout électeur (et il faut bien dire *de tout électeur*, car qu'est-ce que deux ou trois cent mille sur huit ou dix millions ?) lui font repousser l'égoïsme étranger ou l'intérêt personnel qui n'est pas le sien, que reste-t-il en dehors de ces répulsions si ce n'est le dévouement? Tout électeur est donc obligé par nécessité de choisir l'homme de dévouement, l'homme de bien ; mais s'il en est ainsi pour le tout, pour la nation, il n'en est pas de même pour la partie; du moment où vous laissez dans une société se recruter, se former un privilége, du moment où une portion plus ou moins grande s'arroge un droit quelconque sur la totalité, ce droit ou cette action domine, exploite, gruge tout ce qui n'est pas lui, en d'autres termes, la minorité de la nation se fait de la majorité de la nation un corps taillable et corvéable à merci.

On nous dit, c'est une révolution, c'est de l'anarchie que vous voulez; l'état anarchique n'étant que transitoire, il faut à un nombre quelconque d'individus aglomerés pour vivre ensemble et se conduire ; un gouvernement, si l'autorité repose sur un seul sans relever de tous, ou a le pouvoir absolu ; ce pouvoir n'est plus possible dans les sociétés avancées, on sait pourquoi : Dieu ou la nature si vous voulez ayant fait l'homme se préférant à autrui, il est de l'essence de cette préférence de reculer les bornes de son autorité au-delà de toute mesure raisonnable, si cet homme, sujet ou monarque, ne s'appuie pas sur la foi. De là le mal.

L'expérience a fait connaître la nécessité de tempérer la puissance en la divisant, et aujourd'hui la France a deux cent mille souverains ou électeurs ; mais a-t-on tenu compte des conditions sans lesquelles il n'y a pas de justice possible, à savoir, l'élévation

de l'homme de bien aux affaires du pays, nullement
l'électeur actuel et il n'en peut être autrement, c'est
précisément l'homme de la domination, le protecteur
né du privilége, ce privilége qui sous Louis quatorze
a obtenu par ce qu'on appelle les libertés de l'Eglise
gallicane, l'autorité sur le clergé, sur le spirituel; en
sorte que la vraie liberté, les droits de l'homme,
publiés par l'évangile, restent et demeurent à la dis-
crétion de ce clergé en grande majorité servile (si ce
n'est par sentiment, du moins par crainte, par
intéret matériel), clergé à qui appartient cependant la
partie morale de l'enseignement public, et tandis que
le paupérisme rongeur d'une part, et la démoralisation
de l'autre, rendent dans nos institutions une réforme
indispensable: voici ce qui se passe et ce qu'on se dit :
Agrandira-t-on le privilége électoral en appelant des
capacités d'intelligence ou de fortune encore par
adjonctions des plus imposés, pour ceux dont il est
écrit : *Je connais mes brebis et mes brebis me connaissent*, ce ne serait qu'agrandir la plaie, augmenter
le mal qui nous mine. Que les hommes de cœur et
de bonne volonté prennent donc l'initiative partout
avec ensemble, et entrainent le clergé dans la voie
de leur devoir à l'exemple de leur chef spirituel et
sous la bannière des enseignements du sauveur,
abolissent le sens électoral pour l'élévation des justes
au gouvernement des nations, résultat nécessaire et
indubitable du suffrage de tous.

Le principe une fois admis l'exécution coule de
source, qui ne sait pas reste tranquille, qui se laisse
corrompre reçoit le prix de sa corruption ou l'exploite,
qui veut le bien en devient l'artisan, il le voit s'exé-
cuter, s'accomplir; mais la licence, l'habileté, l'ambition sont étouffés par le nombre et refoulés à
jamais sous la justice et le sens commun.

L'Eglise partout relève du pape, et quand le pape

devient lui-même sel affadi (selon l'expression appliquée par le Christ aux premiers apôtres), c'est aux peuples à en demander la déposition aux autres évêques. Tel est le cercle entier, la chaine non interrompue de toute l'économie chrétienne, ainsi le sens commun, c'est-à-dire ce sentiment du juste et de l'injuste qui est donné à tous, en appelle du sel affadi dans l'autorité des papes à la source même de cette autorité, c'est-à-dire à l'évangile, cet évangile qui nous crie : Guerre au privilége et miséricorde au privilégié.

Le pape ne pouvant et ne devant pas être guerrier, il est de l'intérêt des nations de reconnaître l'inviolabilité de ses états afin que son gouvernement de paix et de justice puisse être le modèle de tous les autres gouvernements.

Il n'y a qu'un seul Dieu, il ne peut y avoir qu'une source d'autorité morale, tout corps qni voudrait relever d'ailleurs est illicite, et les peuples en dernière analyse sont toujours juges de la question, *vox populi vox dei.*

Terminons en disant que le droit commun est la terre promise de l'humanité depuis le commencement du monde, droit promulgué par le christ depuis dix-huit siècles, droit combattu à toutes les époques et notamment en France depuis 1789 par les Girondins, et depuis 1830 par les conservateurs; lutte de privilége et d'égalité que résume et réduit le suffrage universel, lutte que l'égoïsme a fait naître, et que mieux étudié dans son mécanisme, l'égoisme doit anéantir sous la domination interdite léguée au monde par l'évangile.

POST-SCRIPTUM.

FRANCE DU 24 FÉVRIER 1848, GLOIRE A VOUS.

Gloire à une révolution qui rend l'Eglise à elle-même, qui va effacer par la force de la vérité qu'elle délivre toutes les sectes de la terre, Gallicans, Anglicans, Protestants de toute sorte jusqu'à l'abbé Châtel.

Fidèles de tous les pays, entonnons tous en chœur le *gloria in excelsis deo*, et rendons de plus en plus catholique, c'est-à-dire une et universelle, la véritable, divine et inéfable doctrine du sauveur.

Liberté, Egalité, Fraternité, Solidarité, Unité,

Synthèse complète de notre humanité, nous vous saluons dans la joie de votre triomphe qui est le nôtre propre, et nous vous rendons grâce ô mon Dieu de nous avoir rendu les témoins de ces chûtes d'étoiles, de cette fin du vieux monde, depuis 20 ans l'objet de nos plus intimes aspirations.

Aujourd'hui, celui-là serait traître à la patrie, qui voudrait changer quelque chose à la forme suprême du mode direct et par liste des élections.

La question à poser aux candidats doit être d'abord L'ORGANISATION DU TRAVAIL et L'HÉRITAGE CONSERVÉ EN LIGNE DIRECTE.

Poser ces principes, c'est en accepter la responsabilité et la tâche de les défendre.

VIVE LA RÉPUBLIQUE.

UTILITÉ.

Ceux de nos lecteurs qui nous auront lu avec quelque attention reconnaîtront facilement quelle est la véritable source où les idéologues, les philosophes et les moralistes de toutes les époques puisent pour leur doctrine ce qu'il faut y remarquer de véritablement bon et utile; ils auront vu que celui qui a dit : JE SUIS CELUI QUI EST, ne donne pas la liberté par mesure puisque tant d'hommes en ont abusé, et c'est pour rendre cette liberté universelle et aussi complète que possible, qu'il en a rendu les trois termes indispensables et aujourd'hui indivisibles.

La liberté absolue n'est que de l'anarchie, c'est l'oppression du faible par le fort (ce qui constitue la lutte).

L'Egalité absolue n'est qu'un brillant mensonge qui n'a même jamais pu être essayé nulle part (il constitue également la lutte, il fallait donc à la liberté et à l'égalité un troisième terme qui lia les premiers, qui constitua, leur union par l'unité, et ce troisième terme c'est *la fraternité* ; Les deux premiers termes, les hommes pouvaient bien en quelque sorte se les prendre ; mais il fallait un Dieu pour nous donner le troisième, il fallait un père pour nous donner la fraternité, et Dieu, Frères et citoyens, est le père de tous les hommes.

NOTE. Nous avons dit page 31 par la bouche du conservateur que l'homme du peuple avait moins d'esprit que le grand seigneur, il suffit d'entendre quelquefois l'homme de la classe aisée pour être convaincu de ce fait ; malheureusement ou heureusement peut-être l'homme comme il faut perd en bon sens ce qu'il gagne en imagination, et l'on conçoit qu'il n'en est pas ainsi du travailleur, dont toutes les forces physiques suffisent à peine à subvenir à ses premiers besoins (c'est une heureuse compensation).

ERRATA.

Page 20, sommaire, au lieu de l'opinion; en élection lisez (sans ;) l'opinion en élection.

Page 29, après le mot compagnie au lieu d'un point seulement le double signe »

Page 40, au lieu de il se trompe toujours, lisez et se trompe toujours

Page 50, après ces mots de la sorte que Dieu n'a pu créer l'homme sans conscience, lisez, que Dieu ne serait pas Dieu.

Par Génie VIDAL, Peintre.

Imp. Pollet et Cie, rue St-Denis, 380.

9 782019 664602